ÉTUDE

SUR

Les Eaux d'alimentation

DE ROUEN

PAR

R. FORTIN

ROUEN

IMPRIMERIE J. GIRIEUD

58, Rue des Carmes, 58

—

1906

ÉTUDE

SUR LES

EAUX D'ALIMENTATION

DE ROUEN

3432

ÉTUDE

SUR

Les Eaux d'alimentation

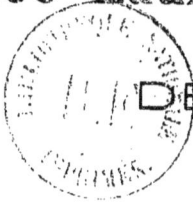

DE ROUEN

PAR

R. FORTIN

ROUEN

IMPRIMERIE J. GIRIEUD

58, Rue des Carmes, 58

—

1906

ÉTUDE

sur

Les Eaux d'alimentation de Rouen

———————

Pour répondre au désir de la Commission d'études géologiques des sources de la Ville, j'ai accepté la mission de rechercher les causes possibles de contamination des eaux d'alimentation de Rouen, ainsi que les moyens propres à faire disparaître ces causes. C'est le résultat de ces recherches, dans la mesure qu'il m'a été possible de l'obtenir quant à présent, que je vais exposer dans les lignes qui suivent.

Ces recherches m'ont obligé à de nombreuses courses et ont exigé l'emploi de beaucoup de temps ; telle est la raison du long délai qui m'a été nécessaire pour préparer les éléments de ce rapport.

Vous ne sauriez douter d'ailleurs, qu'un travail de ce genre ne peut être fait à la légère, mais demande au contraire, en considération du résultat pratique qu'il s'agit d'atteindre, une étude attentive de toutes les données du problème.

Certains côtés de la question n'ont pu encore être complètement élucidés. Je me propose d'en continuer l'étude et d'en faire le sujet d'une ou de plusieurs autres communications, mais je n'ai pas voulu attendre davantage pour vous faire connaître les conclusions qui ressortent de cette première série d'investigations.

Nous allons donc examiner successivement les différents points que comporte cette étude. Ils sont de deux catégories :

les uns d'ordre purement géologique, les autres d'ordre technique.

Mon étude se divise par suite en plusieurs parties.

La première comprend l'étude géologique. Elle s'étend à l'examen de la constitution et de la structure du massif crétacé d'où sortent les eaux, à la délimitation du bassin d'alimentation de nos sources et enfin à la provenance des eaux.

La seconde partie sera consacrée au mode de captage des sources, à l'examen des ouvrages d'art construits pour recevoir les eaux, pour les conduire aux points où elles doivent être mises en réserve, et finalement à une rapide inspection des réservoirs d'où elles sont réparties dans la canalisation de la ville. J'indiquerai les modifications qu'il paraît utile et parfois indispensable d'apporter à l'état de choses actuel, dans le but de sauvegarder la pureté des eaux et d'éviter, autant que faire se pourra, les graves inconvénients et les dangers qu'entraîne la contamination des eaux destinées à l'alimentation publique.

Enfin, une troisième partie comportera l'étude des bétoires et des points d'engouffrement d'eau superficielle qui se trouvent sur le plateau compris dans le périmètre d'alimentation des sources.

ÉTUDE GÉOLOGIQUE

1. — Composition du massif crétacé d'où sortent les eaux

Il n'est sans doute pas indispensable de faire ici l'étude approfondie de la constitution géologique de la région qui nous intéresse, mais il paraît nécessaire, pour bien établir la délimitation du bassin d'alimentation et la provenance des eaux, d'indiquer dans ses grandes lignes la composition du massif crétacé, la succession des différents horizons qui concourent à sa formation, la nature des roches constituant ces horizons et enfin leur rôle dans la genèse des sources.

Toutes les assises qui se superposent pour former le massif que nous allons examiner sont loin de présenter une homogénéité parfaite dans leur composition. Les unes ont une texture qui leur permet d'être aisément pénétrées et traversées par l'eau; d'autres, douées d'une certaine imperméabilité, sont parcourues par une infinité de fissures et de diaclases à travers lesquelles l'eau se fraye aisément un passage ; d'autres, plus compactes, se laissent difficilement traverser par l'eau; d'autres enfin, comme les argiles compactes que l'on rencontre à la base de la formation crétacée, sont tout à fait imperméables.

Nous allons passer rapidement en revue les différentes divisions géologiques qu'il nous importe de connaître.

Ce sont dans l'ordre chronologique, en commençant par les plus récentes :

1° Les ALLUVIONS ACTUELLES, composées de limons plus ou moins sableux, de graviers et de galets;

2° Les LIMONS DES PLATEAUX et les LIMONS ET DÉPÔTS MEUBLES DES PENTES, se rattachant géologiquement à l'époque quaternaire ;

3° Les SABLES diversement colorés, plus ou moins purs, plus ou moins argileux, classés dans les formations tertiaires ;

4° L'ARGILE A SILEX, variant du jaune au rouge, chargée de

silex de la craie, non roulés, et qui n'est qu'un dépôt provenant de l'altération et de la décomposition de la craie ;

5° La CRAIE BLANCHE (ÉTAGE SÉNONIEN), dont les grandes subdivisions sont caractérisées par la présence d'Echinides différents : *Micraster coranguinum* à la partie supérieure ; *Micraster intermedius* à la partie moyenne et *Micraster cortestudinarium* à la base ;

6° La CRAIE MARNEUSE (ÉTAGE TURONIEN), que des fossiles spéciaux à chaque zone permettent de subdiviser également en zone du *Micraster breviporus*, zone de l'*Inoceramus labiatus* et zone des grandes Ammonites ;

7° La CRAIE GLAUCONIEUSE (ÉTAGE CÉNOMANIEN) ;

8° Les SABLES ET ARGILES se rattachant à l'ÉTAGE ALBIEN et qui reposent, dans notre région, sur les formations jurassiques.

Passons maintenant à l'examen de la nature des divisions que nous venons d'énumérer, et de leurs propriétés au point de vue qui nous intéresse.

Les alluvions actuelles se trouvent au fond des vallées parcourues ou ayant été parcourues par un cours d'eau. Le Robec et l'Aubette ont tracé leur lit dans ces dépôts. Il importe de retenir que les alluvions actuelles des deux rivières de Robec et d'Aubette sont à peu près imperméables quand elles sont constituées par des limons et éminemment perméables quand elles se composent de graviers plus ou moins colmatés.

Les limons et les dépôts des pentes, que l'on trouve en amas au pied des coteaux, au débouché des vallons, au fond des vallées sèches, sont généralement perméables.

Les limons des plateaux ont chez nous une grande extension. Ils recouvrent la majeure partie de la surface des plateaux élevés situés entre la vallée de la Seine et le pays de Bray, plateaux dont nous avons à nous occuper. Ils se laissent aisément traverser par l'eau.

Les sables tertiaires se rencontrent, sur les plateaux, en lambeaux isolés ou en poches dans la craie ; ils sont plus ou moins imperméables.

L'argile à silex est très développée, dans la région qui nous occupe, au-dessous du limon des plateaux. Elle n'appartient pas en propre à une époque déterminée de la nomenclature stratigraphique, car elle a commencé à se former après l'émergence de la craie et elle continue à se former encore de nos jours, par suite de la décomposition de la craie au contact de l'eau atmosphérique chargée d'acide carbonique. Cette argile est très peu perméable. Elle couronne souvent la craie, en comble les dépressions et y pénètre sous forme de puits naturels qui atteignent quelquefois une grande profondeur. Son épaisseur, fort variable, peut atteindre jusqu'à 20 mètres et au-delà.

La craie blanche, qui jouit en grand d'une certaine imperméabilité, offre aux eaux un facile passage, parce qu'elle est parcourue, surtout aux abords de ses affleurements, par des fissures innombrables qui la divisent à l'infini et la réduisent souvent en prismes ayant à peine la grosseur du poing. La base de cette formation est composée d'assises plus dures, plus compactes que celles de la partie supérieure ; elle présente beaucoup moins de fissures et n'est guère divisée que par de grandes diaclases.

La craie marneuse, plus chargée d'argile que la craie blanche qui lui est superposée, est généralement plus compacte ; elle est moins perméable ; plusieurs des couches qui la composent jouissent même d'une imperméabilité assez grande pour que les eaux ne les traversent pas, mais cheminent dans les couches intermédiaires moins compactes, plus perméables ou plus fissurées, en suivant les lignes de pente. C'est cette formation — la craie marneuse — qui présente, dans le cas présent, le plus grand intérêt, par suite de son imperméabilité relative et parce que c'est à travers ses assises que viennent au jour les sources de Fontaine-sous-Préaux, comme celles de Saint-Jacques.

Enfin la craie glauconieuse et les sables et argiles qui forment la base du Crétacé dans notre région, de même que les étages jurassiques subordonnés, ne nous intéressent qu'indirectement, puisque nos investigations n'ont pas lieu d'être poussées au-delà de la craie marneuse.

2. — Structure du massif.

Nous connaissons maintenant les différents horizons dont la superposition forme le massif limité au N.-E. par le Pays de Bray et au S.-O. par la vallée de la Seine. Nous avons vu, au point de vue hydrologique, les propriétés de chacune de ces divisions. J'aurai tout à l'heure l'occasion d'en faire l'application à la genèse des sources ; mais il nous faut auparavant rechercher quelle est, dans la profondeur, leur disposition, quelle est, en un mot, la structure du massif ; structure dont la connaissance nous permettra de délimiter le bassin d'alimentation des sources et par suite d'établir la provenance des eaux.

Si on se bornait à un examen superficiel des assises de la craie aux endroits où elle affleure, par exemple dans les coupes artificielles présentées par le front des carrières de nos environs, ou dans les coupes naturelles formées par les falaises de la vallée de la Seine, on pourrait croire que ces assises ont conservé leur horizontalité ; mais il n'en est pas ainsi ; elles sont, en réalité, affectées de diverses inclinaisons qui jouent un grand rôle dans l'hydrographie souterraine de la région.

Jetons les yeux sur une carte géologique (1) et remarquons tout d'abord que les mêmes couches crétacées qui affleurent dans nos vallées à une cote peu élevée, se retrouvent, dans la direction du N.-E., c'est-à-dire dans la région du pays de Bray, à une altitude beaucoup plus grande. Nous faisons dès lors cette première constatation que les couches sont affectées d'une inclinaison très prononcée à partir du Pays de Bray vers la vallée de la Seine.

Cette inclinaison est le résultat de mouvements orogéniques dûs à des pressions latérales et à des effondrements régionaux, ayant pour cause la contraction de la croûte terrestre.

Par suite de ces mouvements et en n'en faisant l'application qu'aux terrains qui nous intéressent, l'horizontalité primitive de la craie a été affectée de plissements qui se sont produits dans deux directions différentes, sur lesquels nous reviendrons tout à l'heure et dont les lignes de faîte sont des anticlinaux, tandis que les points bas forment des synclinaux (2).

Une série de ces plissements affecte la craie de notre région

(1) Carte géologique détaillée de la France, au 80,000° : Feuille 20, Neufchâtel ; feuille 31, Rouen.

(2) G. Dollfus, Notice géologique sur les eaux de Rouen in « Eaux de Robec. Contre la Ville de Rouen et la Compagnie générale des Eaux. Avis de M. Garnier, expert ; Paris, 1901, p. 245 (Ondulations secondaires).

suivant une ligne parallèle à la direction du Pays de Bray, tandis qu'une autre série a dérangé les assises de la craie dans un sens sensiblement perpendiculaire au premier. Il s'est ainsi formé une sorte de réseau orthogonal d'ondulations ayant leur répercussion sur les couches profondes et qui sont un des principaux facteurs de la direction imprimée aux eaux souterraines.

Le principal effort du premier système de plissements s'est donc produit parallèlement à la ligne occupée aujourd'hui par le Pays de Bray. Celui-ci est un anticlinal, dont le faîte, par suite de l'exagération de l'effort de compression et de plissement, a été disloqué et désagrégé. Les grands courants, survenus par la suite, qui ont donné au sol le relief superficiel que nous retrouvons aujourd'hui dans ses grandes lignes, ont eu facilement raison de cet anticlinal déjà démantelé par la flexion de ses strates ; ils en ont dispersé, puis entraîné et charrié les

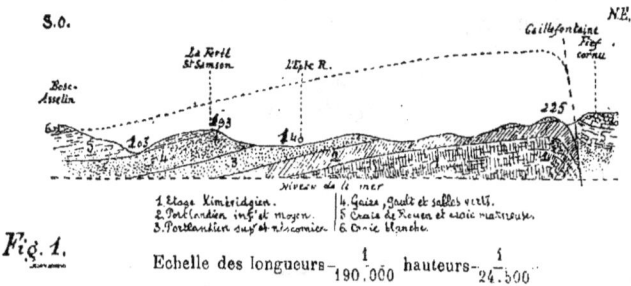

Fig. 1.

Echelle des longueurs $\frac{1}{190.000}$ hauteurs $\frac{1}{24.500}$

1. Étage Kimeridgien.
2. Portlandien inf.et moyen.
3. Portlandien sup.et néocomien.
4. Gaize, gault et sables verts.
5. Craie de Rouen et craie marneuse.
6. Craie blanche.

débris et, de l'ancien soulèvement, ils ont fait une vallée, la vallée actuelle du Bray. Ces quelques mots sur la région du Bray ont ici leur utilité, parce qu'ils expliquent comment à la place d'un ancien faîte, il n'y a plus aujourd'hui qu'une vallée d'érosion. La coupe (fig. 1) que j'emprunte à M. A. de Lapparent (1) fera bien comprendre cette disposition.

C'est ainsi que le sommet de la craie marneuse, particulièrement intéressante pour nous, qui ne dépasse guère, dans la région des sources de Fontaine-sous-Préaux, la cote de 100 mètres, atteint, dans la falaise occidentale du Bray, au S.-O. de Neufchâtel, une altitude voisine de 220 mètres. C'est donc

(1) A. de Lapparent, Le Pays de Bray, Paris, 1879, fig. 10, p. 115.

une différence de niveau de plus de 100 mètres entre le Bray et la vallée de la Seine. Rappelons-nous que cette craie marneuse est imperméable dans sa partie moyenne, que c'est elle qui sert de substratum aux nappes aquifères alimentant nos sources et on saura combien est importante la connaissance de l'allure de cette craie pour la détermination du bassin d'alimentation des sources du Robec et de l'Aubette.

Entre les deux points que je viens de citer — le Bray et la vallée de la Seine — les plissements de la craie existent encore, mais comme ils perdent de leur amplitude à mesure que l'on s'éloigne du Bray pour se rapprocher de la vallée de la Seine, comme ils forment une suite de gradins de moins en moins élevés et dont les pentes, dirigées vers la Seine, s'infléchissent de plus en plus, ainsi que le montre la figure ci-après, il en résulte, somme toute, une pente générale. (Voir fig. 2).

Voici un premier point d'établi en ce qui concerne le système de plissements orientés N.-O — S.-E, c'est-à-dire parallèlement à la vallée du Bray.

LÉGENDE

de la Coupe géologique de Rouen à Roncherolles-en-Bray

(Fig. 2)

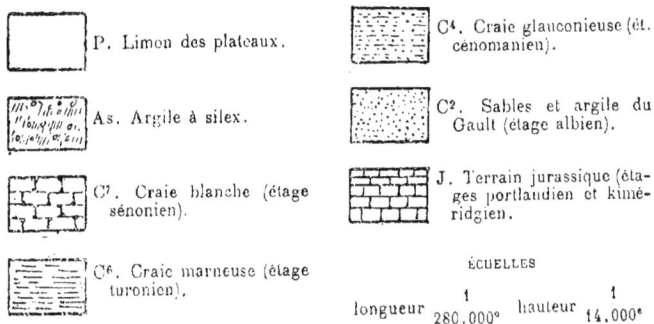

P. Limon des plateaux.

As. Argile à silex.

C7. Craie blanche (étage sénonien).

C6. Craie marneuse (étage turonien).

C4. Craie glauconieuse (ét. cénomanien).

C2. Sables et argile du Gault (étage albien).

J. Terrain jurassique (étages portlandien et kiméridgien).

ÉCHELLES

longueur $\frac{1}{280.000^e}$ hauteur $\frac{1}{14.000^e}$

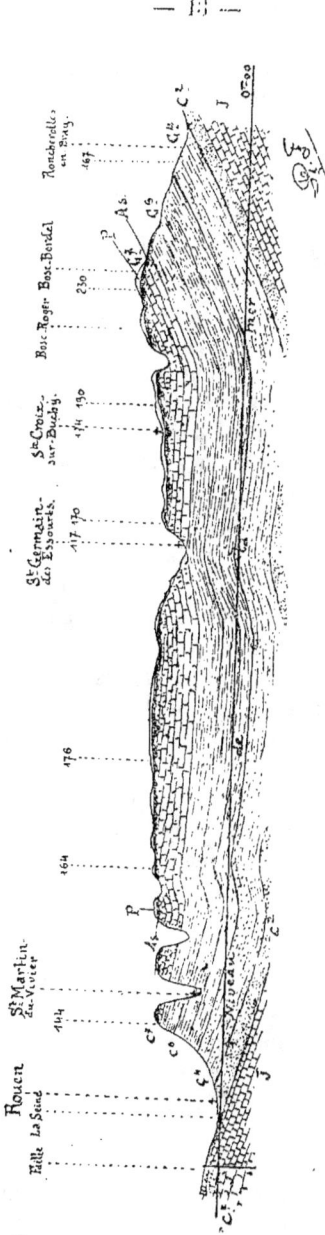

Fig. 2.

Coupe géologique de Rouen à Ronchrolles-en-Bray.

Nous venons de voir qu'un second système de plissements croise le premier d'une façon à peu près perpendiculaire. La cause en est la même : contraction de l'écorce terrestre par suite du refroidissement graduel du noyau et refoulement de la croûte dans des sens déterminés par la résistance variable des massifs rocheux.

Je ne m'étendrai pas sur ce second système de plis et n'en retiendrai que ce qui rentre directement dans le sujet de cette étude.

L'axe élevé d'un de ces plissements, l'anticlinal d'une de ces grandes ondulations court suivant une ligne orientée N.-E. — S.-O., dont la direction est assez bien indiquée par la route de Rouen à Quincampoix. La ligne de faîte de ce pli se confond à peu près, sur la carte, avec le tracé de la route.

De chaque côté de cette ligne, les couches s'abaissent : au N.-O. vers les vallées de Monville, de Fontaine-le-Bourg et de Saint-Saëns ; au S.-E. vers la vallée de l'Andelle.

Les assises sédimentaires qui concourent à la formation de la masse sont celles que j'ai énumérées au début de cette étude : limon des plateaux, lambeaux de sables, argile à silex, craie blanche, craie marneuse, et, au-dessous des affleurements déterminés par le fond des vallées, craie glauconieuse ; dans le fond même des vallées, alluvions modernes ; au débouché des vallons, dépôts meubles des pentes.

Telles sont les grandes lignes de l'infrastructure du massif que nous venons d'étudier.

Si maintenant nous examinons la surface de ce massif, nous constaterons qu'il constitue un vaste plateau, assez accidenté, s'infléchissant graduellement, dans le même sens que les couches profondes, depuis le Bray vers les vallées de la Seine et de l'Andelle. Trois vallées principales, de peu de profondeur, vallées du Héron, du Crevon et du Robec, le sillonnent suivant une direction générale approximative du Nord au Sud.

Le plateau est formé d'une couche plus ou moins épaisse de limon qui sert de manteau à l'argile à silex et à la craie sous-jacente.

De vastes plaines cultivées, des bois à peu près limités aux crêtes et aux versants des vallées, des habitations, groupées soit sur les hauteurs, soit le long et au fond des vallées, se rencontrent à la surface de ce massif.

3. — Délimitation du bassin d'alimentation des sources

Rapprochons maintenant les données que nous possédons sur les deux systèmes de plissements que nous venons d'examiner et il nous sera facile de concevoir que, du croisement des lignes de faîte, jalonnées à la surface par les localités de Bois-Guillaume, Quincampoix, St-André-sur-Cailly, Rocquemont, Montérolier et Bradiancourt, d'une part, et par les hauteurs qui dominent Sainte-Geneviève-en-Bray, Sommery, Roncherolles-en-Bray, etc., d'autre part, du croisement de ces lignes, dis-je, il résulte, pour les assises profondes de la craie, comme un double plan qui se déverse dans les directions que j'ai indiquées : vers la vallée de l'Andelle, pour la ligne de Bois-Guillaume-Bradiancourt, et vers la vallée de la Seine, pour la ligne du Bray. Il s'ensuit, pour ces assises, une disposition de double pente qui peut être comparée, *grosso modo*, aux versants de deux toits, peu inclinés, disposés à angle droit et contigus par une de leurs extrémités. Les versants internes de l'angle de faîte des deux toits sont ceux qui correspondent à la disposition, en profondeur, de la craie marneuse.

Le territoire compris à l'intérieur de l'angle formé par les deux lignes, ci-dessus indiquées, est celui du bassin d'alimentation de nos sources (1).

4. — Provenance des eaux

L'eau provenant de la pluie ou de la fonte des neiges est loin de profiter tout entière à l'alimentation des nappes profondes.

Une partie de cette eau, partie considérable pendant la saison chaude, se perd par évaporation ; une autre, à la faveur des

---

(1) C'est ainsi que, théoriquement et expérimentalement, les choses doivent se passer et c'est ainsi que doivent s'alimenter les sources de Fontaine-sous-Préaux et de Darnétal, mais il se peut que, grâce aux nombreuses fissures qui sillonnent en tous sens la craie, il vienne se joindre aux eaux dont nous connaissons maintenant le bassin hydrographique profond, d'autres eaux provenant d'un bassin voisin ; cette dernière venue d'eau pouvant franchir les anticlinaux à la faveur de diaclases recoupant ces anticlinaux.

accidents du terrain, ruisselle sur les pentes, gagne les dépressions du sol et parvient, d'une façon plus ou moins rapide, suivant le degré de déclivité des pentes, jusqu'aux thalwegs des vallées où elle rejoint les cours d'eau.

Il y a, dans la région considérée, de nombreux vallons qui drainent les eaux, des vallées dont les côteaux sont à pentes fortement déclives, et, de ce fait, une quantité notable de l'eau provenant des précipitations atmosphériques échappe à l'infiltration et est perdue pour les sources. Il n'y a guère que l'eau tombée à la surface des plateaux qui imprègne lentement le sol, qui s'y engouffre quelquefois brusquement et qui profite ainsi aux nappes aquifères.

Dans le cas d'imprégnation lente, les limons qui recouvrent les plateaux, étant très perméables, absorbent rapidement l'eau répandue à leur surface. Cette eau traverse, en s'y épurant quelque peu, les sables tertiaires que l'on retrouve presque partout dans la région, en lambeaux plus ou moins épais, au-dessous des limons qu'ils isolent souvent de l'argile à silex sous-jacente. Celle-ci, peu perméable, ne se laisse que lentement pénétrer par l'eau, mais cette pénétration est cependant facilitée par la grande quantité de silex que renferme cette argile et qui la divisent.

Parvenue à la surface de la craie blanche, qui se présente la première au-dessous du manteau de limon et d'argile, l'eau s'y infiltre rapidement, grâce aux innombrables fissures qui divisent en tous sens cette craie. Sollicitée par la pesanteur, l'eau continue ainsi sa descente à travers la craie, jusqu'à ce qu'elle soit arrêtée par les couches imperméables de la partie moyenne du turonien ou craie marneuse. Elle chemine alors à la surface de ces couches imperméables en profitant des fissures de la craie; elle s'y insinue, se fraye passage à travers des fentes, s'engage entre des couches imperméables, suit des canaux de plus en plus élargis jusqu'à ce qu'elle rejoigne un collecteur commun, dont elle augmente et grossit sans cesse le volume au point de former, quand le bassin d'alimentation est suffisamment étendu, comme c'est le cas des ruisseaux puis de véritables rivières souterraines.

Ces rivières glissent donc souterrainement sur les plans imperméables de la craie, passant, grâce aux fissures qu'elles ont agrandies et qu'elles agrandissent sans cesse, d'un plan imperméable à un autre plan également imperméable situé plus bas, et, à mesure que leur parcours augmente en étendue, elles gagnent des niveaux de plus en plus profonds jusqu'à ce qu'elles rencontrent une zone d'imprégnation générale des couches géologiques, où elles se perdent.

Depuis le moment où elle s'infiltre dans le sol, et dans son trajet souterrain, l'eau ne trouve pas la même facilité de circulation qu'à la surface et c'est un des facteurs de son épuration. Tout d'abord sa descente à travers les couches peu perméables se fait avec une extrême lenteur ; sa pénétration et son écoulement sont constamment arrêtés ou retardés par l'obstruction des fissures, par l'engorgement ou l'étranglement des fentes et des cavités qu'elle parcourt. Avant de parvenir aux fissures plus importantes qui donnent passage aux eaux réunies dans ces canaux naturels de circulation, il s'écoule souvent beaucoup de temps. C'est ainsi que les périodes de crues normales de nos sources ne se produisent que cinq à six mois après le début des saisons pluvieuses. Pendant ce temps l'eau est soumise à une série de filtrations, de décantations et d'épurations chimiques qui ont pour effet de la débarrasser à peu près complètement des germes d'impuretés dont elle a pu se charger à la surface du sol et quand elle arrive à rouler en gros volume dans les canaux plus largement ouverts, où elle est maintenue, cette eau a acquis une pureté suffisante qui permettrait de l'utiliser pour l'alimentation, si des causes de contamination, que nous examinerons, ne venaient quelquefois lui faire perdre ses qualités d'eau potable. Il s'agit ici des engouffrements brusques et passagers que j'ai signalés au début de ce chapitre et sur lesquels j'aurai ultérieurement à m'étendre davantage.

Mais cherchons d'abord l'explication de l'émergence des sources aux points que nous connaissons : Fontaine-sous-Préaux et Darnétal ; nous reviendrons ensuite à la question des causes de contamination que je viens d'indiquer.

Nous venons de suivre la marche des molécules d'eau qui profitent aux sources, depuis le moment où, tombées sur le sol, elles s'y infiltrent et finissent par former des rivières qui s'écoulent souterrainement en suivant l'inclinaison des couches imperméables ; or, nous savons que les couches qui forment le bassin d'alimentation de nos sources sont affectées d'une double pente générale vers la Seine et vers l'Andelle. Les couches

2

imperméables de la zone moyenne de la craie marneuse, qui retiennent en partie les eaux et entre les strates et les fissures desquelles ces eaux circulent, sont situées, dans le massif crétacé, à une assez grande profondeur au-dessous de la surface. Tant que le massif a conservé son homogénéité, son intégrité, la circulation se fait souterrainement, et, comme nous l'avons vu, à des niveaux qui tendent à devenir de plus en plus profonds. A mesure que la déclivité des pentes des couches et par suite celle des canaux d'écoulement s'est accentuée, à mesure que la rivière souterraine a gagné en profondeur, la charge de l'eau a augmenté, et si une dépression de la surface du plateau, une vallée, par exemple, vient à recouper les couches entre lesquelles se fait l'écoulement de la rivière souterraine, il y a des chances pour que le fond ou les flancs de cette vallée rencontrent bientôt le courant d'eau ou du moins une des nombreuses ramifications du courant déterminé par les plans imperméables et par les fissures du massif. La rivière jaillira alors par les fissures qui la mettront en communication avec la surface du sol. En un mot, il se formera une émergence. Tel est le cas qui s'est présenté pour nos sources et telle est l'explication de leur origine.

Les couches imperméables de la craie turonienne, entre lesquelles circulent les eaux et qui constituent le niveau aquifère, ont été recoupées, dans leur descente vers les synclinaux, par le fond des vallées de Fontaine-sous-Préaux et de Darnétal, dans le voisinage immédiat des deux points où émergent les sources. Des fissures ont établi une communication entre le sol et le cours d'eau souterrain ; l'eau, maintenue en charge entre les parois des canaux, s'y est engagée, a agrandi peu à peu son passage et est venue émerger au pied des coteaux, à Fontaine et à Darnétal.

Quoique le point d'émergence des sources de Fontaine-sous-Préaux et de Darnétal soit situé à des altitudes très différentes (67 mètres pour le premier point et 20 mètres environ pour le second), la provenance des eaux est la même et les eaux sortent du même niveau géologique, c'est-à-dire de la partie moyenne de la craie marneuse. J'ai dit précédemment que les assises crétacées s'inclinent depuis l'anticlinal Boisguillaume-Bradiancourt vers la vallée de l'Andelle (1). Or, la distance de l'anti-

---

(1) Consulter la carte annexée à cette étude.

clinal aux sources de Saint-Jacques est presque double de celle
du même anticlinal aux sources de Fontaine-sous-Préaux, il est
dès lors facile de comprendre que les mêmes couches aquifères
seront rencontrées à des profondeurs proportionnelles à leur
éloignement du faîte ; c'est-à-dire à une profondeur moindre à
Fontaine qui n'est qu'à 2 kilomètres du faîte et plus grande à la
source Saint-Jacques, à Darnétal, qui en est à plus de 4 kilomètres. Je fais ici abstraction de la pente en sens diamétrale-
ment opposé qui se dirige de Darnétal vers Fontaine-sous-
Préaux (pente dont il n'a pas encore été question, mais dont je
vais dire un mot) et qui modifie dans une certaine mesure les
résultats que je viens d'indiquer. Dans le cas visé, cette cause
d'erreur n'a aucune importance.

Jusqu'à présent, pour déterminer le bassin d'alimentation de
nos sources, je n'ai considéré que la pente générale, c'est-à-dire
la succession d'anticlinaux et de synclinaux de moins en moins
élevés, qui s'étagent du pays de Bray (anticlinal) à la ligne
orientée N.-O. — S.-E. qui forme, à Fontaine-sous-Préaux, le
fond d'un synclinal (1) ; mais dans l'estimation de la superficie
totale de ce bassin, il conviendra de comprendre aussi la partie
du territoire, quelque peu importante qu'elle soit, s'étendant
depuis cette ligne de fond du synclinal jusqu'au bord des

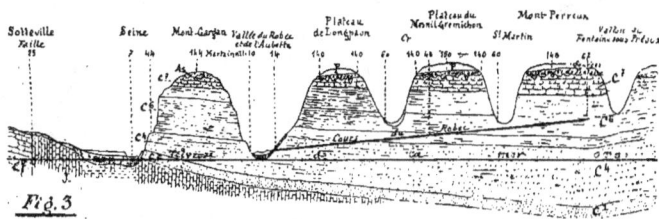

Fig. 3

plateaux qui limitent Rouen, au Nord. Cette partie comme l'indique le croquis ci-dessus (2), fig. 3, est le versant d'un anticlinal
brisé et dénudé, dont le faîte serait à la place qu'occupe aujour-
d'hui la « faille de Rouen ».

Je reviens maintenant aux causes de contamination dont il
était question il n'y a qu'un instant.

---

(1) Voir la coupe géologique, page 13.
(2) Cette figure est empruntée à l'ouvrage de M. G. Dollfus « *Notice géologique
sur les eaux de Rouen* » cité plus haut, p. 10, note 2.

La nature du massif filtrant, la lenteur avec laquelle se fait la filtration à travers ce massif, semblent être des garanties suffisantes pour qu'il soit permis d'affirmer que les eaux devraient parvenir aux émergences dans un état de pureté tel qu'elles pûssent être considérées comme eaux potables d'assez bonne qualité. Mais il n'en est pas toujours ainsi. La simple observation, les analyses chimiques et les analyses bactériologiques, auxquelles elles ont été et sont encore souvent soumises, démontrent qu'elles perdent parfois leurs qualités. Diverses causes peuvent être invoquées pour expliquer l'altération des eaux.

Parfois, l'eau des sources, à Fontaine-sous-Préaux, devient trouble. La teneur en germes nuisibles ou susceptibles de le devenir est alors très élevée. Quelle est la cause de cette perturbation dans l'état normal et habituel de l'eau ? C'est ce que nous examinerons.

Nous avons vu, au début de cette étude, que l'argile à silex recouvre d'un manteau à peu près continu la craie sous-jacente et qu'elle y pénètre parfois dans des excavations semblables à des puits comblés, que l'on désigne sous le nom de « puits naturels ». Ces puits naturels ont leur origine dans la stagnation des eaux de ruissellement au fond d'une dépression de la surface de la craie. Sous l'influence de l'acide carbonique contenu dans l'eau, la craie se décompose ; en se décomposant, elle perd de son volume ; la dépression primitive s'accentue constamment, par suite de la présence et du contact renouvelés de l'eau, et elle finit par former des trous qui atteignent souvent une grande profondeur. On conçoit que ces perforations qui traversent les assises crétacées, qui y entraînent dans la profondeur et souvent très rapidement, les eaux de la surface, deviennent une menace pour les nappes aquifères, et un danger quand elles parviennent à les rejoindre ; car elles y amènent des eaux qui n'ont pas subi la filtration naturelle nécessaire pour leur rendre leur pureté.

Dans notre région, surtout en certains points, la craie est criblée de ces puits naturels. S'ils ne descendent pas jusqu'aux nappes profondes alimentant les sources, ils peuvent atteindre des fissures qui les mettent en communication avec ces nappes. Leur présence est décelée par des dépressions du sol que l'on désigne sous le nom de fondrières, de bétoires, de puits absorbants, etc. Quand ces dépressions sont situées dans les bois qui garnissent la majeure partie des coteaux, elles ne sont guère à redouter ; mais si ces bétoires se trouvent dans les champs, à proximité des habitations, elles deviennent une menace constante pour les nappes avec lesquelles elles peuvent venir en contact.

J'ai recherché, sur les plateaux qui dominent, à l'Ouest, la vallée de Fontaine-sous-Préaux, s'il existait de ces bétoires. Je me suis adressé aux maires de Fontaine-sous-Préaux, d'Isneauville, de Quincampoix, pour savoir s'il s'en trouvait sur le territoire de leurs communes. Mes recherches ne m'ont fait connaître jusqu'à présent que les grandes bétoires, dont il a été question au sein même de cette Commission et qui sont situées au lieu dit « La Triboudaine », sur la commune de Quincampoix. Il y a là, à la naissance d'un vallon, une série de grands trous ayant, à fleur du sol, une ouverture de 3 à 4 mètres sur 1 mètre environ pour la plus grande. Ces excavations, dont l'orifice est en partie masqué par des broussailles et des ronciers, servent de réceptacle à toutes sortes de détritus. On y jetait, et peut-être y jette-t-on encore, les animaux morts.

Ces bétoires forment, dans un enclos dépendant d'une ferme voisine, une ligne de dépression de 35 mètres de longueur. Dans la plaine, toujours au fond du même vallonnement, il existait et il existe encore d'autres fondrières moins importantes, dont une partie a pu être comblée.

Toutes ces fondrières, celles de l'enclos comme celles des champs, forment, sur une longueur de 150 à 200 mètres, un alignement qui correspond sans doute soit à une petite faille, soit à une grande diaclase de la craie (1). Les eaux provenant des orages et de la fonte des neiges s'y engouffrent avec une certaine rapidité et gagnent promptement les profondeurs en y entraînant tout ce qui doit en faire des eaux contaminées. Il est dès lors certain que les sources qui proviendraient de nappes en rapport avec ces engouffrements seraient fort suspectes.

Ce groupe de bétoires est situé à 1 kilomètre environ à

(1) Sur la carte annexée à cette étude, l'alignement de ces bétoires est indiqué par une ligne rouge ponctuée circonscrite par un trait de même couleur.

gauche de la route de Rouen à Neufchâtel, à l'origine d'un vallon qui descend vers Fontaine-le-Bourg. Nous avons vu que la route en question se confond à peu près avec la ligne de faîte du plissement dont un versant est dirigé vers l'Andelle, celui qui fait partie du bassin d'alimentation du Robec, tandis que l'autre versant se dirige vers la vallée de Fontaine-le-Bourg. Or, les bétoires sont situées sur ce dernier versant et il est possible qu'elles n'aient pas de communication directe avec les nappes qui alimentent nos sources. Elles sont cependant trop près de la ligne de faîte pour que l'on puisse affirmer qu'elles n'ont pas quelque relation avec les venues d'eau de Fontaine-sous-Préaux.

Je poursuis mes recherches à ce sujet et quand la saison des pluies sera venue, je me propose de faire des expériences à la fluorescéine qui établiront d'une façon indiscutable si les eaux, qui s'engouffrent dans ces bétoires, suivent l'un ou l'autre des versants de l'anticlinal Boisguillaume-Bradiancourt.

Je ne vois donc jusqu'à présent, au sujet des puits naturels et des fondrières, que les bétoires de « La Triboudaine » qui puissent retenir notre attention et dont l'étude sera continuée.

Mais il existe une autre catégorie de puits qui traversent les assises crétacées, qui en détruisent la continuité et qui peuvent établir aussi, avec la profondeur, des communications de même nature que celles des puits naturels et d'une façon tout aussi directe ; car si les puits naturels sont souvent comblés par de l'argile peu perméable, provenant de la décomposition de la craie, il n'en n'est pas de même pour les puits dont je viens de parler et dont le comblement est loin d'être parfait. Ce sont les puits forés pour l'extraction de la marne destinée à l'amendement des terres arables. Ces puits qui ne sont pas de simples forages cylindriques, mais qui se terminent par des chambres ou des galeries d'extraction souvent étendues, sont nombreux sur les plateaux dont nous nous occupons. Ils n'ont généralement qu'une profondeur peu considérable, 20 à 30 mètres peut-être en moyenne. Ils sont à redouter parce qu'ils atteignent la craie et que les eaux qui viennent s'y perdre regagnent ainsi directement les fissures de la craie et la nappe aquifère qui y circule. Il y a donc intérêt majeur à les bien connaître et à définir leur rôle dans l'hydrologie locale.

J'ai trouvé plusieurs de ces anciens puits sur le versant des coteaux qui dominent les émergences de Fontaine-sous-Préaux, et ils sont nombreux sur les plateaux. C'est à leur présence, comme à l'existence des bétoires, qu'est dûe la plus grande sinon l'unique part dans le phénomène du trouble passager des eaux. Comme je me propose, quand la saison des pluies sera venue, de les étudier d'une façon plus approfondie et plus efficace qu'on ne peut le faire actuellement, au point de vue de leurs relations possibles avec les eaux des sources, j'expliquerai alors comment je comprends le mécanisme du trouble des eaux.

Dès à présent, pour les raisons que j'ai invoquées au début de cette note, je ne suis pas encore en mesure de communiquer à la Commission le résultat complet de mon étude, parce que les enquêtes que je poursuis, tant à Fontaine-sous-Préaux qu'à Darnétal, ne sont pas terminées, non plus que les expériences à la fluorescéine que j'ai commencées à la source Saint-Jacques et que je continuerai à Fontaine et sur le plateau. Mais mon étude est cependant suffisamment avancée pour que, en raison de la nécessité d'arriver promptement à une solution, je puisse offrir à la Commission de lui faire connaître maintenant une partie des conclusions.

Ces conclusions seront étayées, dans la suite de mon étude, sur les nombreux documents que j'ai amassés et que je vais encore continuer à amasser, jusqu'à ce qu'il me soit possible de démontrer clairement, en m'appuyant sur des faits, la nécessité d'adopter les mesures de préservation que je propose et qui sont énumérées ci-après.

MESURES DE PROTECTION A ADOPTER

1. — Sources de Fontaine-sous-Préaux

Suppression, à la source des Cressonnières, des barbacanes qui drainent l'eau d'infiltration superficielle.

Abandon des sourcins captés autour de cette source et réunis à la cuve principale ; ces sourcins provenant en partie de l'infiltration superficielle.

Cimentation des parois de la chambre de captage, ainsi que du fond de la cuve de la même source, afin d'éviter l'accès des eaux d'infiltration superficielle.

Installation, dans la chambre de captage de la même source, d'un seuil qui en permette l'accès sans que l'on soit exposé, comme cela est inévitable, à mouiller ses chaussures dans l'eau de la source.

Nota. — En raison du faible débit de la source des Cressonnières et de la mauvaise qualité des eaux qu'elle fournit, le plus sage serait de l'abandonner avec son cortège de sourcins suspects.

Suppression des barbacanes qui pourraient exister tant à la source de l'If qu'à la source Lefrançois.

Réfection des joints et obturation des fissures pouvant exister dans la maçonnerie des chambres de captage et de partage, ou des aqueducs de captage ou de dérivation.

Remplacement des tampons à emboîtement des regards des trois sources, par des obturateurs à recouvrement.

Barrage du terre-plein de la pompe de l'abreuvoir, au moyen d'une balustrade ou d'un tourniquet, pour empêcher l'accès des bestiaux.

Prolongement du ruisseau cimenté, dans la partie qui borde la voie publique, jusqu'à son entrée dans la cour du gardien des sources, et débarras de l'ancien lit de la rivière pour laisser un passage facile à l'eau provenant de l'abreuvoir.

Vérification de la fosse d'aisances de l'immeuble situé près de l'abreuvoir. (Cette fosse a été déclarée étanche, sans que la preuve en ait été fournie). Aménagement propre à la rendre étanche, si elle ne l'est. Enquête à faire pour savoir ce que deviennent, dans le cas d'étanchéité de la fosse, les matières fécales. Interdiction absolue de les épandre dans le voisinage des sources.

2. — Source Saint-Jacques

Les expériences à la fluorescéine que j'ai entreprises à cette source et à ses alentours immédiats semblent démontrer que l'eau arrive pure à son point d'émergence et que ce n'est qu'après son arrivée dans la cuve de la chambre de captage et son passage dans les canaux de décharge et de dérivation que l'eau est contaminée. Les constructions élevées pour le captage de cette source ont été autrefois bien comprises et habilement exécutées, mais elles présentent maintenant de nombreux signes de vétusté qui demandent un prompt remède. Un certain nombre d'améliorations et de restaurations devront être faites tant à l'édicule qu'à ses abords, notamment les suivantes :

Grattage ou lavage des murailles à l'intérieur de l'édicule et des galeries d'accès et de décharge.

Réfection des joints et obturation des fissures des pierres, laissant passer les infiltrations de boues de l'extérieur.

Remise en place de la pierre descellée à l'intérieur de la pyramide surmontant la chambre de captage.

Report à la sortie de la chambre de captage du seuil qui retient l'eau quand le plan dépasse le niveau du pavage, seuil qui est actuellement à l'entrée de la galerie d'accès.

Obturation des fissures qui se trouvent dans le canal de décharge et qui livrent passage à des sourcins.

Assainissement et recouvrement de l'ancien lavoir et du vivier contigu au canal de décharge de la source, les expériences à la fluorescéine ayant démontré qu'il y a communication entre l'eau du lavoir et celle de la source.

Suppression de la buanderie contiguë au lavoir et au vivier, pour les mêmes raisons que ci-dessus.

Suppression du trou d'aération ménagé au sommet de la pyramide de la chambre de captage.

Construction, autour de l'enclos de la pyramide, d'un mur empêchant l'accès du terrain.

Suppression de la bétoire creusée rue du Cantoni, dans le prolongement de la rue Frambœuf.

Quant à la question de la protection des abords immédiats du lieu d'émergence, différentes améliorations ont été faites. J'ai examiné ces améliorations et je me propose de les discuter dans la partie technique de ce rapport. La date fixée pour cette réunion m'a pris au dépourvu et ne m'a pas permis de rédiger à temps ce qui a trait à cette question. J'en remets donc le développement et l'examen à la seconde partie de ce rapport, mais je puis donner dès à présent les conclusions auxquelles j'ai été

amené et qui sont les suivantes : « Toutes ces améliorations et d'autres encore que je pourrais proposer ne sont que
des palliatifs et non des remèdes absolus à l'état de choses
actuel qui est des plus défectueux. Je ne vois qu'un seul moyen
de protection réellement efficace de l'émergence de cette source :
c'est la suppression totale des habitations qui se trouvent en
amont de la source, c'est-à-dire entre la rue de la Ferme et le
pied de la côte, et qui sont situées, de chaque côté, à une distance insuffisante du centre d'émergence. Il n'y a qu'à ce prix
qu'on obtiendra une protection réelle et on ne doit pas reculer
devant l'application de ce remède. »

La question de l'aqueduc de dérivation de Fontaine-sous-
Préaux au réservoir de la Jatte, ainsi que celle des réservoirs,
sont différées jusqu'à ce que j'aie fait la visite de ces ouvrages.
Le résultat de l'examen sera consigné dans la seconde partie de
mon étude.

ÉTUDE TECHNIQUE

S'il paraît bien établi que les eaux des sources provenant des terrains composés de calcaires fissurés sont exposées, dans leur parcours souterrain, à recevoir des infiltrations susceptibles de les rendre, quelquefois d'une façon permanente, souvent d'une façon intermittente et passagère, impropres à l'alimentation ; s'il est parfois bien difficile, sinon impossible, de soustraire les eaux à ces influences pernicieuses, il n'est pas moins certain, en ce qui concerne les émergences de Fontaine-sous-Préaux et surtout celles de Saint-Jacques, que des causes de contamination plus facilement reconnaissables et auxquelles aussi on peut porter plus aisément remède, existent aux alentours immédiats de ces sources.

C'est à la recherche de ces causes, à leur mise en évidence qu'ont tendu les expériences à la florescéine faites d'abord à Darnétal, à la source Saint-Jacques, et continuées ensuite, mais non encore terminées, ni complètes, en ce qui regarde les émergences de Fontaine-sous-Préaux.

Il ne s'agit, dans ce chapitre de mon étude, que des mesures propres à assurer la protection des abords immédiats des sources et des ouvrages d'art qui recueillent les eaux et où celles-ci peuvent séjourner pendant un temps plus ou moins long. Une série d'expériences sera entreprise ensuite, dans un périmètre plus étendu, pour établir s'il y a ou non communication entre la surface du sol et les nappes profondes qui alimentent nos sources.

L'examen attentif des ouvrages de captage, l'étude des abords des sources, la visite des canalisations et celle des réservoirs et enfin les expériences de coloration à la fluorescéine m'ont permis de reconnaître et de signaler un ensemble de points défectueux.

J'ai été ainsi amené à proposer l'adoption d'un certain nombre de mesures de protection dont l'utilité et même la nécessité me paraissent démontrées.

Je suis bien loin de penser que j'ai dit le dernier mot dans une question aussi complexe et sur un sujet aussi ardu que celui de la protection absolue de nos sources et il se peut que de nouvelles observations amènent dans la suite la constatation d'autres défectuosités, qui pourront, à leur tour, exiger de nouvelles améliorations. L'exécution des travaux préconisés offrira toutefois une garantie incontestable contre les causes de contamination auxquelles étaient exposées les émergences.

1. — Les sources de Fontaine-sous-Préaux

Les sources de Fontaine-sous-Préaux sont situées à 10 kilomètres de Rouen, dans la vallée qui prend naissance, au N.-E., à La Pomeraye, à l'altitude de 152 mètres et qui vient rejoindre, à Darnétal, la vallée de l'Aubette, à une altitude voisine de 22 mètres, pour déboucher ensuite dans la vallée de la Seine, à Rouen-Martainville. Ces sources, qui font partie d'un groupe dont les principales sont désignées sous les noms de *source de l'If, source des Cressonnières* et *source Lefrançois*, émergent à l'altitude de 67 mètres, au pied des coteaux qui limitent au N.-O. le cours de la vallée. Captées à leur origine, dans des conditions qui ne sont pas à l'abri de toute critique, notamment en ce qui concerne la source des Cressonnières, ces trois sources sont réunies, au moyen d'une canalisation souterraine en maçonnerie étanche, dans une chambre de partage parfaitement aménagée. Une partie de cette eau, équivalant à 140 litres par seconde, est dérivée vers le réservoir de la Jatte pour l'alimentation de la ville de Rouen ; le reste est dirigé vers le thalweg de la vallée et forme la rivière de Robec.

Ceci dit, en matière de préambule, passons à l'examen des mesures de protection que j'ai proposées pour les sources de Fontaine et à l'exposé des motifs sur lesquels ces mesures sont basées.

Suppression, à la source des Cressonnières, des barbacanes qui drainent l'eau d'infiltration superficielle. — Abandon des sourcins captés autour de cette source et réunis à la cuve principale, ces sourcins provenant en partie de l'infiltration superficielle. — Cimentation de la chambre de captage, ainsi

**que du fond de la cuve de la même source, afin d'arrêter
l'accès des eaux d'infiltration superficielle.**

Je n'ai pas fait d'expérience à la fluorescéine pour démontrer
la contamination possible par les infiltrations des eaux superficielles. Le peu de profondeur à laquelle se trouvent les sourcins, la nature perméable du terrain, et, dans une certaine mesure, l'augmentation presque subite du débit à la suite de fortes
pluies ou de fonte de neige, me paraissent des raisons suffisantes pour considérer comme certaine la communication entre la
surface du sol et les sourcins et pour motiver les mesures pré-
conisées. Celles-ci sont d'ailleurs appuyées sur d'autres constatations.

Il existe à la base de la maçonnerie de la chambre de captage,
et tout au pourtour, des barbacanes qui livrent passage à l'eau
des sourcins et qui drainent d'une façon constante l'eau superficielle, impure, chargée de sédiments, qui se mélange ainsi à
l'eau de source amenée par le gros tubage central. Cette irruption d'eau superficielle peut également se faire par le fond de la
cuve qui n'est pas cimenté. Comme l'écoulement par les barbacanes se fait en général assez lentement, le limon amené par
l'eau se dépose sur le fond de la cuve, qui s'en trouve recouvert notamment en face des barbacanes.

M. H. Delehaye, chimiste du Ministère des finances, à Rouen,
a bien voulu faire l'analyse chimique d'un échantillon de cette
eau prélevée avec le limon du fond. Voici le résultat de cette
analyse :

ANALYSE D'EAU DU ROBEC

Dosage des matières organiques :

Ce dosage a été effectué par le procédé dit « au permanganate
de potassium en milieu acide ».

L'analyse a été conduite comme l'indiquent les traités d'analyses (Agenda du Chimiste, 1896, page 340. — 8° a). La prise
d'essai était de 100 ^{cc}.

On a obtenu :

I. Avec l'eau suspecte.....   35^{cc} $KMnO^4$
   Avec l'eau distillée.....   22,5

Différence ......   12,5 de permanganate.

Or, 1^{cc} de cette solution équivaut à 0 gr. 000175 d'oxygène,

soit 0 gr. 00218 O pour 100 ^{cc} eau,
ou 0,0218 par litre d'eau.

II. Eau suspecte.......... 34,8
Eau distillée.......... 22,6
_____
12,2

soit 0 gr. 00213 pour 100 ^{cc}
ou 0,0213 par litre

0,0218 }
0,0213 } 0,0215 O par litre.

Or, d'après le Comité consultatif d'hygiène de France, une eau est *suspecte* pour : Oxygène = 0 gr. 003 à 0 gr. 004 par litre, *mauvaise* pour : Oxygène = plus de 0,004.

L'eau proposée correspond à 5 fois plus qu'une eau mauvaise, pour la teneur en oxygène. — **Eau non potable.**

Le résidu soumis à l'analyse consiste en *carbonate de chaux* impur (souillé de sulfate de chaux).

APPENDICE A L'ANALYSE. — Cette eau contient une notable proportion de *nitrates* (recherche à la diphénylamine) et de *nitrites* (recherche à la naphtylamine). Une eau potable ne doit pas en contenir.

NOTA. — Le dosage des matières organiques en liqueur acide donne un minimum, certains corps, tels que ceux provenant de l'oxydation des matières albuminoïdes, n'étant pas oxydés.

Rouen, le 24 juillet 1903.

H. DELEHAYE.

En second lieu, le 19 août, j'ai prié M. Guerbet, chef du Laboratoire de bactériologie, de prélever, à la dite source des Cressonnières, un échantillon du dépôt vaseux, gris-jaunâtre, en question. Ce prélèvement a été effectué par les soins de M. Guerbet, qui m'a fait parvenir, le 28 août, la note ci-après :

ÉCOLE DE MÉDECINE ET DE PHARMACIE
de Rouen

—

LABORATOIRE DE BACTÉRIOLOGIE
Rue Stanislas-Girardin, 48

—

N° 9532.

ANALYSE DES VASES

DE LA SOURCE DES CRESSONNIÈRES

(Fontaine-sous-Préaux)

prélevées le 19 août 1903, par M. le géologue Fortin
et M. Guerbet.

Présence du colibacille et de germes liquéfiants.

Rouen, le 28 août 1903.

GUERBET.

On conçoit aisément qu'en présence de ces résultats, il semble nécessaire d'apporter une modification dans l'aménagement de cette source. Le meilleur remède sera encore la réalisation du desideratum exprimé en matière de conclusion et que je répète ici : *En raison du faible débit de la source des Cressonnières et de la mauvaise qualité des eaux qu'elle fournit, le plus sage serait de l'abandonner avec son cortège de sourcins suspects.*

Installation, dans la chambre de captage de la même source (des Cressonnières), d'un seuil qui en permette l'accès sans que l'on soit exposé, comme cela est inévitable, à mouiller ses chaussures dans l'eau de la source.

Il n'y a pas de dallage au pourtour de la cuve de cette source, de sorte que, pour y descendre, on est obligé de poser les pieds sur le dôme métallique qui couronne le tubage central de la cuve. La boue ou la poussière qui adhèrent aux chaussures se déposent sur le dôme ou tombent dans la source même, d'autant plus facilement que ce dôme est percé de trous et, le plus souvent, lui-même à moitié noyé dans l'eau de la source.

Suppression des barbacanes qui pourraient exister tant à la source de l'If qu'à la source Lefrançois.

Autant qu'il m'a été possible de le voir, il doit exister, autour de la cuve de ces deux sources et à la base de la maçonnerie, des barbacanes dont le rôle est le même qu'à la source des Cressonnières et qui peuvent être tout aussi nuisibles. Les troubles qui sont amenés par ces barbacanes ne se déposent pas aussi facilement sur le fond de la cuve de ces deux sources, parce que le débit est considérable et que le courant qui en résulte, à la sortie des émergences, entraîne immédiatement les troubles. Les mêmes raisons que précédemment peuvent être invoquées pour demander l'obturation de ces barbacanes. Cependant je regarde cette suppression comme moins importante ici, parce que les émergences sont situées immédiatement au pied du coteau ou même, comme c'est le cas pour la source de l'If, à une distance de 5 à 6 mètres dans le massif crétacé ; parce que la pente du terrain, le sol boisé du versant n'offrent pas aux eaux de ruissellement la même facilité d'infiltration que si le terrain était un plan et même un fond, comme à la source des Cressonnières ; enfin, parce que l'importance et la régularité de débit des venues d'eau des barbacanes, leur groupement autour de la principale source, leur petit nombre, démontrent que ces venues ne sont que des ramifications d'une même émergence.

Réfection des joints et obturation des fissures qui peuvent exister dans la maçonnerie des chambres de captage et de partage ou des aqueducs de captage et de dérivation.

Dans l'état actuel des choses, la vérification des ouvrages d'art n'est guère possible. Il faudra, pour y procéder, un aménagement spécial, une disposition passagère d'écoulement des eaux, qui ne peuvent être obtenus qu'après entente avec le service compétent. Il se peut que les enduits extérieurs en ciment qui forment, paraît-il, une chape protectrice et imperméable à chacun de ces ouvrages et qui existent depuis plus de trente ans, aient subi, du fait même de leur ancienneté, des dégradations, des atteintes susceptibles de leur faire perdre ou tout au moins d'altérer leur étanchéité. Un examen minutieux s'impose de ce chef et sera fait ultérieurement ; il fera l'objet d'un chapitre spécial de cette étude.

Remplacement des tampons à emboîtement des regards des trois sources par des obturateurs à recouvrement.

En temps de pluie, l'eau qui tombe sur les plaques de fermeture des regards pénètre facilement à l'intérieur et y entraîne
toutes les poussières que le vent amène sur les plaques, où elles
trouvent aisément à se loger dans le quadrillage de la fonte et
dans l'intervalle de l'emboîtement. Il suffit d'examiner, un jour
de pluie, la chambre de captage d'une des sources pour voir que
les échelons, la muraille et le dallage sont tout mouillés par
l'eau qui s'infiltre et tombe de l'extérieur. La pluie est assez
fréquente dans notre région pour que l'entraînement des poussières et des impuretés atmosphériques dans l'eau des sources
ne soit pas regardé comme une quantité négligeable. Il est donc
nécessaire de prévenir, par l'emploi d'obturateurs plus parfaits
que ceux qui existent, l'intrusion de tout ce qui peut amener la
pollution de l'eau. Les obturateurs devront en outre être disposés
de telle sorte qu'ils soient à 0m20 ou 0m25 au-dessus du sol environnant, afin d'empêcher l'eau de ruissellement de pénétrer
dans les chambres.

Barrage du terre-plein de la pompe de l'abreuvoir, au moyen d'une balustrade ou d'un tourniquet pour empêcher l'accès des bestiaux.

Les animaux que l'on amène à l'abreuvoir accèdent à ce
terre-plein par le plan incliné qui est disposé à une des extrémités. Ils y laissent des traces de leur passage, que la pluie
délaie, entraîne dans le sol perméable et conduit à la nappe
superficielle, laquelle communique avec les sources de la façon
que j'ai indiquée en parlant de la source des Cressonnières.
Celle-ci émerge à quelques mètres seulement en contre-bas du
terre-plein. La pose d'un simple barrage ou d'un tourniquet
arrêterait les animaux et obvierait à l'inconvénient signalé. Les
bestiaux, amenés à l'abreuvoir, seraient, en effet, confinés dans
l'espace cimenté, imperméable, qui s'étend sur toute la longueur
et à plusieurs mètres en avant de l'abreuvoir et qu'un ruisseau
relie à la rivière.

3

Prolongement du ruisseau cimenté dans la partie qui borde la voie publique jusqu'à son entrée dans la cour du gardien des sources, et débarras de l'ancien lit de la rivière, pour laisser un passage facile à l'eau provenant de l'abreuvoir.

Le ruisseau par où s'écoulent les eaux usées de l'abreuvoir longe une partie de la route, à la sortie du canal nouvellement cimenté ; il reçoit et entraîne jusqu'à l'entrée de l'enclos du gardien des sources des détritus de toute nature qui se décomposent dans l'eau souvent stagnante, comme on a pu le constater lors de la visite faite par le Conseil d'hygiène, le 18 août dernier. Cette eau, chargée à l'excès de principes nuisibles ou dangereux, s'infiltre dans le sol et peut rejoindre les émergences des sources. Afin d'éviter l'imprégnation du sol par ces eaux à une aussi minime distance des émergences, il est utile de prolonger le canal cimenté jusqu'à l'entrée de l'enclos et de débarrasser l'ancien lit du Robec des herbes et des arbrisseaux qui l'encombrent, afin que l'eau puisse avoir un libre et rapide écoulement vers la rivière.

Vérification de la fosse d'aisances de l'immeuble situé près de l'abreuvoir (Cette fosse a été déclarée étanche, sans que la preuve en ait été fournie). Aménagement propre à la rendre étanche, si elle ne l'est. Enquête à faire pour savoir ce que deviennent, dans le cas d'étanchéité de la fosse, les matières fécales. Interdiction absolue de les épandre dans le voisinage des sources.

Il semble que ce paragraphe n'ait besoin d'aucun autre développement et qu'il suffise de l'énoncer pour que l'on reconnaisse la nécessité de s'assurer si les choses sont dans l'état où elles doivent être.

Si, comme cela a été déclaré, la fosse est étanche, il est à craindre que les matières qui en proviennent ne soient utilisées en épandage sur le jardin situé derrière la maison, et, comme le jardin se trouve en amont des sources, les eaux de ruissellement ont une tendance à ramener vers les émergences les sédiments dont elles sont chargées et qui s'infiltrent dans le sol, allant ainsi rejoindre la nappe superficielle dont l'écoulement souterrain se fait suivant la pente du thalweg, c'est-à-dire vers

les sources. Il y aurait donc là un danger passager, mais pé-
riodique, de contamination du sol.

Si, au contraire, la fosse n'était pas étanche, le danger de
contamination serait permanent, puisque le contenu de la fosse
se mélangerait incessamment aux eaux d'imprégnation se déversant souterrainement vers les émergences.

Un contrôle sévère des déclarations qui ont été faites ou qui
pourront être faites lors de l'enquête, s'impose au sujet de cette
fosse dont la proximité est une constante menace pour les
sources de Fontaine-sous-Préaux.

2. — La source Saint-Jacques, à Darnétal

A l'époque où cette source a été captée, c'est-à-dire en l'an
1500, il n'existait aux environs de l'émergence aucune maison,
car la plus ancienne des maisons avoisinant la source ne remonte
pas à plus de 150 ans. La source n'était donc environnée que
par des prés ou des jardins ; elle se présentait, par conséquent,
dans les meilleures conditions et son émergence, située à quelques mètres seulement du pied de la côte, était à l'abri des
infiltrations d'eaux superficielles contaminées. Il en a été ainsi
tant que cette partie de la vallée est restée inhabitée; mais, dans
la suite, les habitations se sont rapprochées de l'émergence ;
elles se sont élevées à l'entour et ont même fini par empiéter sur
le terrain qui recouvre la chambre de captage.

Bien qu'un rapport, concernant cette source, présenté, paraît-
il, au Conseil d'hygiène, en 1894, ait conclu « au bon état de la
captation », un examen un peu approfondi permet de reconnaître,
que l'ensemble de ce captage qui a pu à un certain moment,
offrir toutes les garanties de sécurité, laisse maintenant à dési-
rer sur bien des points.

De cet envahissement des abords immédiats de la source par
les habitations, il est nécessairement résulté la pollution du
sol et par suite, la possibilité de contamination des eaux
dans leur court parcours souterrain entre le pied de la côte et la
chambre de captage ou encore dans la chambre de captage
elle-même. L'ancienneté des constructions est une autre cause
qui a, comme nous le verrons, facilité la pollution des eaux.

Des analyses chimiques et bactériologiques ont établi que la qualité de l'eau de la source Saint-Jacques a été, à différentes reprises, altérée.

Comme je l'ai dit, au début de cette seconde partie de mon étude, la contamination peut provenir d'un point fort éloigné des émergences, mais elle peut aussi se produire aux abords immédiats des émergences. Ce dernier cas est seul envisagé ici et c'est pour établir la façon dont les choses se sont passées que j'ai entrepris une série d'expériences à la fluorescéine, dont les résultats m'ont permis de formuler les conclusions que j'ai présentées à la fin de la première partie de mon étude (voir page 24) et qui ont été le point de départ d'une partie des travaux exécutés ou en cours d'exécution.

Je vais reprendre chaque article des améliorations alors proposées et les étayer du résultat des expériences et de mes observations. Un plan, annexé à cette étude, permettra de suivre aisément les explications.

Grattage ou lavage des murailles à l'intérieur de l'édicule et des galeries d'accès et de décharge. — Réfection des joints et obturation des fissures des pierres laissant passer les infiltrations de boues de l'extérieur. Remise en place de la pierre descellée à l'intérieur de la pyramide surmontant la chambre de captage.

Si on examine de près l'intérieur de l'édicule qui abrite la cuve de la source, on s'aperçoit que le tassement des terres a un peu disloqué certaines assises de pierres, que quelques-unes présentent des fissures produites par cette dislocation, que des joints sont dégradés, qu'une des pierres de la pyramide, juste en face de l'entrée, n'est plus en place et fait une saillie assez prononcée à l'intérieur ; en un mot que l'ensemble de la construction a perdu son étanchéité et que des infiltrations se font de l'extérieur.

On voit, sur les murailles, au-dessous des joints dégradés ou des fissures des pierres, des suintements d'un limon jaunâtre, onctueux et presque visqueux. A la base des murailles et sur le pavage qui entoure la cuve de la source, on retrouve ce même limon. La même constatation peut être faite dans la galerie d'accès de la chambre de captage et surtout dans la galerie du canal de décharge. L'eau d'évaporation de la source se dépose en gouttelettes sur les parois de l'édicule ; la pesanteur les fait couler contre les murailles, où elles recueillent et entraînent dans leur chute les particules de limon qu'elles amassent au pied des murs. Assez souvent le plan d'eau de la source s'élève au-dessus du dallage qui entoure la cuve et baigne le pied des murs ; l'eau délaie alors le limon et l'entraîne dans la cuve puis dans l'aqueduc de dérivation.

Afin d'être fixé sur la nature du limon jaunâtre en question, j'ai prié M. Guerbet, chef du laboratoire de bactériologie, d'en faire une analyse, dont voici le résultat :

ÉCOLE DE MÉDECINE ET DE PHARMACIE
de Rouen
—

Rouen, le 29 juillet 1903.

LABORATOIRE DE BACTÉRIOLOGIE
Rue Stanislas-Girardin, 48
—

N° 9446-8.

ANALYSE DE BOUES

prélevées par M. le géologue Fortin, en notre présence, à la source Saint-Jacques, à Darnétal, le 18 juillet 1903.

N° 1. — Canal de dérivation (regard bouché sous la rue de la Ferme).
Aucune bactérie n'a poussé sur gélatine.

N° 2. — Base du mur de la chambre de captation.
Présence du colibacille. Coccus indéterminés. Nombreux germes liquéfiant la gélatine.

N° 3. — Boue suintant à travers les pierres constituant le mur de la chambre de captation.
Présence du colibacille. Nombreux germes liquéfiants.

CONCLUSION. — L'échantillon n° 1 ne semble pas provenir ou avoir des rapports avec le terrain couvrant la chambre de captation.

Il n'en est pas de même des échantillons n° 2 et n° 3 contenant de nombreux germes communs dans les terrains fumés ou souillés par des déjections animales ou humaines.

Le Chef du laboratoire,
Signé : M. GUERBET.

Ces conclusions démontrent bien que les eaux superficielles extérieures ont accès à travers les murs dans la chambre de captage et qu'elles viennent se mélanger à l'eau de la source, qu'elles contaminent. Il est donc de toute nécessité de remettre en place les pierres qui peuvent être déplacées, de boucher hermétiquement les fissures des pierres fendues et de refaire soigneusement tous les joints, afin de rendre à l'édicule entier l'étanchéité que les siècles lui ont fait perdre. Si ce résultat n'était pas obtenu par la restauration de l'intérieur, il y aurait lieu de revêtir la construction, à l'extérieur, d'un enduit de ciment.

Le fond de la cuve est aussi encombré par un dépôt important de ce limon, qu'il serait également nécessaire de faire disparaître par un curage complet jusqu'à la roche vive.

Enfin, un grattage et un lavage des murailles devront être faits pour enlever toute trace des boues venues de l'extérieur.

Report à la sortie de la chambre de captage, du seuil qui retient l'eau quand le plan dépasse le niveau du pavage, seuil qui est actuellement à l'entrée de la galerie d'accès.

Pour se rendre au réservoir du Choc, l'eau de la source suit l'aqueduc de dérivation, figuré en pointillé sur le plan. Cet aqueduc est construit en pierres dans la partie rectiligne qui passe sous la galerie d'accès, depuis la cuve jusqu'auprès de l'entrée ; à partir de ce point, où l'aqueduc fait un coude à angle droit et suit la courbe de la rue Frambœuf, il est construit en briques. Le dallage de la galerie d'accès sert de recouvrement à l'aqueduc sous-jacent. Or, les joints de ce dallage ne sont pas cimentés, ou s'ils l'ont été, ne le sont plus. Ils établissent donc, pour l'eau, une communication aisée entre le sol de la galerie et l'aqueduc.

Assez fréquemment, quand la source n'est pas utilisée, il arrive que le plan d'eau s'élève à un niveau supérieur à celui du dallage de la galerie d'accès. L'eau fait alors irruption dans la galerie et se charge de la poussière ou de la boue qui s'y trouvent déposées par le passage des visiteurs ou des employés chargés du service. Quand elle reprend son niveau habituel, l'eau entraîne dans l'aqueduc de dérivation toutes les impuretés qu'elle a récoltées de la sorte.

Un seuil en maçonnerie étanche et que l'eau ne peut dépasser a bien été disposé en travers de la galerie, mais ce seuil est tout près de l'entrée ; il empêche seulement l'eau de parvenir jusqu'à la porte. Il est nécessaire de reporter ce seuil à la sortie de la galerie d'accès, tout contre la vanne qui règle la sortie de l'eau dans le canal de dérivation (en I), c'est-à-dire à la sortie même de la cuve. Les joints du dallage de la galerie n'étant pas étanches devraient être cimentés de manière à empêcher l'irruption de l'eau dans la galerie.

Le mieux serait encore, après avoir disposé un seuil ou un obstacle quelconque empêchant l'envahissement de la galerie par l'eau, de poser, à la sortie de la cuve, une canalisation en fonte dans l'aqueduc actuel qui est en maçonnerie. De cette façon, l'eau ne pourrait plus se répandre en dehors de son canal ; elle ne viendrait plus baigner le dallage de la galerie. La pollution de l'eau serait évitée et la réfection des joints de ce dallage deviendrait même inutile.

Obturation des fissures qui se trouvent dans le canal de décharge et qui livrent passage à des sourcins.

Le canal de décharge (C B), par lequel l'eau se rend, quand la source n'est pas en service, au vivier d'où elle va rejoindre l'Aubette, est construit en pierres dont les joints ont été faits au ciment. En deux points différents, ces joints sont dégradés et donnent passage à des sourcins d'un débit assez important. Quand le canal de décharge est intercepté à son extrémité B vers le vivier, ce qui se produit toutes les fois que la source est en service, l'eau de ce canal reflue vers la cuve de la source. Il y avait donc intérêt à connaître exactement la provenance de l'eau des deux sourcins ; d'autant plus que quand l'usine du Choc abaisse suffisamment le plan d'eau du réservoir pour que tout le débit de la source Saint-Jacques soit absorbé et que la réserve d'eau de la cuve descende à son plus bas degré, le plan de l'eau de l'ancien lavoir et du vivier, tous deux alimentés par un groupe de sourcins situé dans l'ancien lavoir, le plan d'eau, dis-je, s'abaisse notablement. Il semblait donc, à première vue, et bien que le niveau normal de l'eau du lavoir soit de 0m50 environ en contrebas du niveau de l'eau dans la cuve de la source, qu'il pouvait y avoir relation entre les sourcins du lavoir et la source Saint-Jacques. Je me suis donc appliqué à mettre en évidence cette relation, au moyen des expériences que je vais relater.

1re *Expérience.* — Afin de m'assurer que la communication entre l'eau du vivier et celle du canal de décharge ne pouvait s'établir par le robinet-vanne B qui se trouve à la sortie de ce canal, le robinet étant fermé, l'eau de la source Saint-Jacques se déversant par l'aqueduc de dérivation, l'orifice de la conduite de décharge, qui prend naissance en A dans le vivier, a été en partie obstrué de façon que le plan de l'eau s'est élevé dans le vivier, dans le lavoir et dans la partie du canal de décharge de la source, en aval du robinet-vanne. L'eau du canal de décharge, en amont de la vanne, c'est-à-dire dans le canal même, a été alors colorée au moyen de la fluorescéine. Tant que la coloration a persisté dans le canal, des échantillons d'eau ont été prélevés en aval de la vanne, dans le canal et dans le vivier. Examinés au fluorescope, ces échantillons d'eau n'ont pas présenté la moindre coloration. Le robinet-vanne est donc bien étanche et aucune communication ne peut s'établir, quand il est fermé, entre les deux parties amont et aval du canal de décharge.

2e *Expérience.* — La source Saint-Jacques se déversant par l'aqueduc de dérivation, le robinet-vanne B du canal de décharge étant fermé, l'orifice de la conduite de décharge qui prend naissance en A dans le vivier étant en partie obstrué, le plan d'eau s'est élevé dans le vivier, dans l'ancien lavoir et dans la partie aval du canal de décharge ; l'eau du lavoir et celle du vivier ont alors été colorées d'une façon intense au moyen de la fluorescéine. Puis, des échantillons ont été prélevés dans le canal de décharge, en amont du robinet-vanne B, et ont été examinés au fluorescope, par comparaison avec l'eau prise comme témoin et parfaitement incolore avant le jet de la fluorescéine. Environ une heure dix minutes après le jet de la fluorescéine dans le lavoir et le vivier, la coloration a été reconnue très distinctement, au fluorescope, dans les échantillons prélevés dans le canal de décharge *à la sortie des deux sourcins.* Il est à remarquer que, dès l'apparition de la coloration au-dessus des sourcins, un échantillon prélevé tout contre le robinet-vanne, dans la partie amont du canal, n'a pas présenté la moindre coloration. Ce n'est donc pas par le robinet-vanne que la communication aurait pu s'établir, car, dans ce cas, l'eau d'amont aurait été colorée avant celle des sourcins. L'eau puisée dans la cuve de la source environ vingt minutes après l'apparition de la fluorescéine dans le canal de décharge, au-dessus des sourcins, a été reconnue colorée légèrement par suite de l'afflux de l'eau du canal de décharge, et cette coloration a été perceptible au fluoroscope pendant quarante minutes.

Il résulte de cette expérience, que j'ai répétée à trois reprises différentes avec les mêmes résultats, que l'eau du vivier et du lavoir est en relation avec les sourcins du canal de décharge, sans doute par des fissures de la craie qui forme le fond de ces deux réserves d'eau, et qu'il y a, par conséquent, communication du vivier et de l'ancien lavoir avec la source Saint-Jacques.

Comme le vivier n'est pas recouvert, comme il n'est pas la propriété de la Compagnie des Eaux, comme il peut être contaminé d'une façon quelconque, comme il est en relation avec l'ancien lavoir, comme ce lavoir est lui-même en relation directe avec la buanderie, il est de toute nécessité d'intercepter la venue d'eau qui se fait jour dans le canal de décharge et qui est susceptible d'amener la contamination de l'eau de la cuve de la source.

Les joints du canal B C devront être refaits de façon à aveugler entièrement les deux sourcins et il serait bon de reporter à l'autre extrémité, vers le débouché de la source, en C, le robinet-vanne qui se trouve actuellement à la sortie de ce canal, vers le vivier.

Assainissement et recouvrement de l'ancien lavoir et du vivier contigu au canal de décharge de la source, les expériences à la fluorescéine ayant démontré qu'il y a communication entre l'eau du lavoir et celle de la source.

Un escalier en pierre, ouvert sur la rue de la Ferme, permet aux passants l'accès de l'ancien lavoir. Cet ancien lavoir, aujourd'hui *désaffecté*, a maintenant besoin d'être *désinfecté*, car sa situation en contre-bas de la rue, avec une partie en retrait sur l'escalier, en a fait une véritable latrine publique. De la rue, on y jette toutes sortes de détritus et les marches du bas de l'escalier sont le plus souvent encombrées de déjections et d'excréments que la pluie délaie et entraîne dans le lavoir ; le fond du lavoir est lui-même encombré par une vase noirâtre, d'un aspect répugnant, qui donne asile à tout un monde de vers et d'insectes grouillants.

Il est urgent d'assainir ce coin infect, dont l'eau communique avec celle de la source. Un dragage complet du fond jusqu'à la roche vive devra être exécuté et le lavoir, maintenant hors d'usage, devra être recouvert entièrement, afin d'être mis à l'abri des dépôts insalubres qui y sont journellement faits.

Le vivier étant lui-même au voisinage immédiat de la voie publique et étant exposé aux mêmes inconvénients que le lavoir devra aussi être recouvert.

Suppression de la buanderie contiguë au lavoir et au vivier, pour les mêmes raisons que ci-dessus.

Dans le pavage de la buanderie est ménagé un bassin qu'une source alimente et où on peut puiser l'eau nécessaire au lavage du linge. Aucune disposition n'est prise pour que l'eau de lavage ne puisse retomber dans le bassin, dont le trop-plein se déverse dans l'ancien lavoir. Il est donc bien évident que l'eau de ce bassin, et par suite celle du lavoir et du vivier, est polluée chaque fois que l'on se sert de la buanderie.

La présence de cette buanderie est par conséquent une cause pérenne de contamination pour les eaux voisines qui peuvent communiquer souterrainement avec l'eau de la source Saint-Jacques et il est nécessaire que cette buanderie disparaisse dans le plus bref délai.

Suppression du trou d'aération ménagé au sommet de la pyramide de la chambre de captage. — Construction, autour de l'enclos de la pyramide, d'un mur empêchant l'accès du terrain.

La chambre de captage de la source se termine en pyramide hexagonale au sommet de laquelle est ménagée une ouverture recouverte d'une grille en fer, sur laquelle est simplement posée une poterie ajourée. La partie supérieure seule de la pyramide, recouverte d'un tertre gazonné, fait saillie d'un mètre et demi environ au-dessus du sol, la partie inférieure de la chambre de captage étant sous terre. Rien ne serait plus facile que d'introduire, par le trou d'aération, quelque chose qui tomberait au milieu de la cuve de la source.

Dans mes nombreuses visites à la source et aux alentours, j'ai plusieurs fois vu des enfants dans l'enclos de la pyramide. Le simple treillage en bois, qui entoure, aussi bien du côté de la rue que du côté des héritages voisins, cet enclos, est en assez mauvais état et ce n'est pas un obstacle pour celui qui veut pénétrer sur ce terrain. Les enfants que j'y ai vu quelquefois n'avaient même pas eu besoin de franchir la palissade, car la porte, que l'on ferme au moyen d'une chaîne cadenassée, était grande ouverte.

Il est utile qu'une protection plus efficace du terrain de la source soit établie. La construction d'un mur entourant complètement ce terrain me paraît nécessaire et, dans ce cas, on pourrait conserver le trou d'aération de la chambre de captage, trou qui a certes son utilité.

Suppression de la bétoire creusée, rue du Cantoni, dans le prolongement de la rue Frambœuf.

L'un des ruisseaux de la rue du Cantoni vient s'engouffrer au point marqué du chiffre 9 sur le plan annexé. Ce point d'engouffrement, dont l'installation est récente et qui m'avait été signalé comme étant une bétoire destinée à l'absorption des eaux d'égout, n'est qu'un bassin en maçonnerie qui reçoit les eaux et les déverse dans un caniveau souterrain venant aboutir, à l'angle sud du pan coupé, au point D, dans le ruisseau de la rue Frambœuf.

Quoiqu'il ne s'agisse pas d'une bétoire, ce bassin et ce caniveau souterrains constituent un voisinage tout aussi dangereux pour l'aqueduc de dérivération qui suit la rue Frambœuf et qui est construit en maçonnerie de briques, étanche seulement dans la partie inférieure où coule l'eau de la source. L'expérience suivante en est la démonstration :

3e Expérience. — Il a été versé, par le regard grillé du bassin (n° 9 du plan), une quantité de fluorescéine suffisante pour colorer intensément l'eau stagnante qui montait jusqu'au ras de la grille, l'orifice de décharge du bassin dans le caniveau étant sans nul doute obstrué et bouché par les détritus amenés par l'eau d'égout. Cinq jours plus tard, je suis descendu dans l'aqueduc de dérivation et j'y ai prélevé, dans le voisinage du bassin et du caniveau qui nous occupent, plusieurs échantillons d'eau qui, examinés au fluoroscope, ont été reconnus manifestement colorés. Il est donc bien établi que l'eau corrompue qui séjourne dans le bassin ou dans le caniveau s'infiltre dans le sol et qu'elle parvient à l'aqueduc en traversant la maçonnerie non revêtue extérieurement d'une couche de ciment qui l'imperméabiliserait.

Cette expérience de coloration à la fluorescéine n'a eu, quand elle a été faite, qu'un intérêt relatif, car, à ce moment, l'aqueduc de dérivation avait été l'objet d'une importante modification. En effet, afin d'éviter les infiltrations d'eaux extérieures superficielles qui se produisaient dans l'aqueduc et qui contaminaient l'eau de source qui y était canalisée, M. l'Ingénieur-Voyer, chargé du service des eaux, avait fait poser dans cette partie de l'aqueduc une canalisation en fonte, qui mettait ainsi complètement à l'abri des infiltrations extérieures l'eau destinée à l'alimentation.

J'ai signalé antérieurement, à la COMMISSION TECHNIQUE D'ÉTUDE DES EAUX, la non-étanchéité de cet aqueduc de dérivation. Dans une visite précédente, j'avais remarqué sur plusieurs points, à la voûte et sur les côtés de l'aqueduc, des traînées noirâtres, humides, prenant naissance entre les joints des briques et sur l'une desquelles, à 32 mètres de l'orifice, poussaient des champignons.

La pose de la canalisation en fonte a remédié au défaut d'étanchéité de l'aqueduc.

Pour en finir avec la source Saint-Jacques, il me reste maintenant à passer en revue les améliorations qui ont été faites dans le voisinage de la source et qui ont eu pour but d'établir un périmètre de protection. Je pense que ces améliorations, ainsi que je l'ai dit en terminant ma première note, ne remédient pas à l'état de choses actuel et je vais exposer les raisons sur lesquelles je me suis appuyé pour proposer la suppression totale des habitations qui se trouvent en amont et au voisinage immédiat de la source.

Un coup d'œil, jeté sur les alentours de la source, est ici nécessaire.

La source, ai-je dit, émerge au pied de la côte du Roule. Elle sort de la craie marneuse (étage turonien) sur les assises de laquelle sont posées les fondations de la chambre de captage.

Le coteau, qui s'élève immédiatement en amont de l'émergence, est dépourvu d'habitations ; le versant est boisé jusqu'au sommet; à la crête du coteau, ce sont des prés et des bois, qui offrent toute sécurité au point de vue de la protection de l'émergence de la source.

Mais, tout autour de la source, il y a des habitations. Les eaux usées de la vie domestique, les fumiers, les déjections animales ou humaines sont répandues à la surface du sol ou déposées dans des trous creusés à cet effet. Ce sont autant de causes de pollution du sol et de contamination du sous-sol. Le terrain en pente qui forme le pied du coteau est constitué par des éboulis de craie sans consistance ; il est éminemment perméable et les infiltrations s'y font rapidement. La nappe superficielle qui circule abondamment dans ce terrain perméable, ainsi qu'on l'a reconnu toutes les fois qu'on y a ouvert une tranchée, est le véhicule des eaux contaminées de la surface. Cette nappe superficielle, contaminée, est en relation, par les fissures de la craie compacte sous-jacente, avec les venues d'eau profonde qui alimentent la source Saint-Jacques et les sources voisines.

La source Saint-Jacques émerge au milieu de ce terrain d'éboulis. Si elle avait été jadis captée dans son gisement géologique, c'est-à-dire en plein dans la craie marneuse où elle chemine pour parvenir à son émergence, assez profondément sous le coteau pour qu'elle fût soustraite aux infiltrations superficielles, on n'aurait pas à redouter l'influence de ces infiltrations ; mais la source est simplement recueillie à son point d'émergence, de telle sorte que, dans tout l'espace compris entre le pied de la côte et le pourtour de l'émergence, les infiltrations superficielles peuvent rejoindre l'eau de la nappe profonde et la contaminer. Nous verrons bientôt que les expériences faites autour de la source ont démontré que c'est bien ainsi que les choses se passent.

Des mesures de précaution ont été adoptées pour préserver, autant que faire se pouvait, le terrain environnant la source; mais ces mesures ne sont que provisoires et elles sont tout à fait insuffisantes pour établir une protection réelle et durable.

La plus importante de ces mesures a été l'amélioration apportée dans l'agencement, qui était des plus rudimentaires, des cabinets d'aisances dépendant des immeubles environnant le terrain de la source. Aucun de ces cabinets n'est pourvu d'une fosse. Un simple trou dans le sol en tenait lieu, ou bien les matières fécales étaient reçues dans des vases quelconques, puis épandues, comme engrais, sur le sol des jardins que possède chacun des immeubles, ou encore déversées avec les fumiers dans les trous dont j'ai déjà parlé. Par les soins de la Ville de Rouen, propriétaire d'une partie des immeubles, interdiction a été faite de pratiquer l'épandage des matières fécales dans les jardins ; les cabinets d'aisances ont été l'objet d'une réfection générale ; un carrelage en pavés, bien étanche, a été posé, sur lequel a été placée une tinette mobile. Chaque semaine, et plus souvent s'il est besoin, une équipe de la Compagnie des vidanges inodores doit enlever le contenu des tinettes. Sur le terrain appartenant à la Ville de Rouen, à la place de la rigole, simplement tracée sur le sol, qui conduisait les eaux usées jusqu'à la rue de la Ferme, on a construit un large ruisseau en pavés, cimenté et étanche.

Mais le service d'enlèvement des tinettes n'est pas assez régulier, ni suffisamment surveillé. Les ouvriers qui en sont chargés sont parfois dans un état qui s'explique aisément, mais qui ne leur permet pas d'exécuter convenablement leur besogne. C'est ainsi que, dans le cas d'enlèvement tardif des tinettes, le contenu excède quelquefois le contenant et laisse des traces sur le parcours depuis les cabinets jusqu'à la tonne qui doit le recevoir. Il arrive même aussi que le contenant est chaviré et que le contenu est répandu sur le sol. Des lavages à grande eau en font tant bien que mal disparaître les traces, mais le but proposé, c'est-à-dire la suppression de l'épandage, n'est pas atteint.

Là où la ville de Rouen n'est pas propriétaire, il est bien difficile d'établir un service de surveillance et plus difficile d'appliquer les mesures de précaution contre la contamination du sol. Cela est pourtant de toute nécessité comme le prouvent les constatations suivantes, résultant des expériences à la fluorescéine.

Il est bon de remarquer tout d'abord, pour l'intelligence de ce qui va suivre, qu'à partir du pied de la côte du Roule, indiqué sur le plan par un pointillé rouge E, F, G, H, jusqu'au canal des sources Fauvel (teinte bleue du plan), le terrain offre une pente considérable, qui détermine entre ces deux lignes une différence de niveau de plusieurs mètres. Ce terrain est, en outre, affecté, à partir d'une ligne transversale située un peu à gauche de la limite de la « Propriété de la ville de Rouen », d'une double pente se dirigeant à gauche vers Darnétal, et à droite (côté de la source) vers Saint-Léger-du-Bourg-Denis. Les eaux d'infiltration superficielle cheminent dans le sol suivant la double pente du terrain, ainsi que nous aurons l'occasion de le reconnaître.

4e Expérience. — Les chiffres 5, 6, 7 et 8, inscrits sur le plan et notés sur fond rouge, indiquent l'emplacement des trous à fumier. Ce sont de simples excavations, creusées dans le sol jusqu'à un mètre environ de profondeur, sans aucun revêtement de maçonnerie, par conséquent éminemment perméables et absorbants. Ils servaient et servent encore partiellement de réceptacles à tous les détritus et au contenu des tinettes.

Le trou n° 5, qui reçoit en outre les résidus d'une buanderie, est situé à 1 mèt. 50 environ du mur de la chambre de captage de la source Saint-Jacques. Le 19 août, ce trou a été débarrassé à peu près complètement du fumier qu'il contenait, puis on y a versé, à 10 heures du matin, une solution de fluorescéine et on a continué à y verser, par intervalles, de l'eau destinée à entraîner dans le sol la solution colorante. Deux heures après le jet de fluorescéine, c'est-à-dire vers midi, l'eau, aspirée par la pompe n° 3 située à 12 mètres environ vers la droite, était colorée. A 1 heure 40, l'eau de la pompe n° 4 était également colorée. L'eau d'une autre pompe, située encore plus à droite, rue du Cantoni, ainsi que celle du puits n° 11, n'ont présenté au fluorescope, jusqu'à 6 heures du soir, aucune coloration ; il en a été de même pour l'eau des pompes n° 1 et n° 10. Une très légère coloration a été constatée, au fluorescope, dans l'eau puisée à la cuve de la source.

Ce trou à fumier communique donc avec la source et est une cause d'infection aussi bien pour elle que pour les puits tubés environnants. Il est hors de doute que les trous à fumier voisins, désignés sous les n°s 6, 7 et 8, étant creusés dans le même sol, sont dans les mêmes conditions. J'ai pensé qu'il était bien inutile de les faire vider pour renouveler la même expérience et que l'on pouvait les condamner sans crainte d'erreur, d'après les résultats fournis par le trou n° 5.

Le lendemain, 20 août, j'ai prélevé, à différentes reprises, des échantillons d'eau aux puits 10, 1, 2, 3 et à ceux situés plus loin, rue du Cantoni. Aucun de ces échantillons, examinés au fluorescope, n'a présenté de coloration, sauf toutefois au puits n° 3 où l'eau était encore très colorée et aussi au premier puits de la rue du Cantoni où l'eau m'a paru très légèrement colorée.

5ᵉ Expérience. — Les pompes, indiquées sous les nᵒˢ 1, 2, 3, 4 et 10, ne sont pas installées sur des puits proprement dits, mais elles sont reliées à des tubes en fer d'un diamètre réduit enfoncés dans le sol jusqu'à une profondeur qui peut atteindre de 7 à 10 mètres. On désigne ces tubages sous le nom de « puits instantanés ». Il m'a été impossible de savoir exactement jusqu'à quelle profondeur ont été enfoncés les tubages de chacune de ces pompes. Celles-ci ne sont pas, en général, disposées de telle sorte que l'eau puisée et répandue sur le sol, ne puisse de nouveau s'infiltrer dans le terrain perméable, atteindre les fissures de la craie et rejoindre l'eau de la source.

Le robinet-vanne de l'aqueduc de dérivation I étant fermé, celui du canal de décharge C étant ouvert, toute l'eau de la source se déversant, par conséquent, dans ce canal, une solution de fluorescéine a été versée, en plusieurs fois, dans le corps de la pompe n° 2, la plus voisine de la source puisqu'elle se trouve tout contre le mur extérieur de la chambre de captage. A des intervalles de temps assez rapprochés, des échantillons d'eau ont été prélevés à la sortie de la cuve, dans le canal de décharge, et ont été examinés au fluoroscope par comparaison avec un échantillon pris au même endroit, avant le jet de la fluorescéine. La coloration faible, mais cependant bien discernable, a été reconnue trois quarts d'heure environ après le jet de la fluorescéine.

Le tubage de la pompe n° 2, placée au fond d'une cave, est donc en relation avec l'eau de la source et peut en amener la contamination.

6ᵉ Expérience. — Une solution de fluorescéine a été versée, par le corps de pompe, dans le puits tubé de la pompe n° 1. Après plusieurs heures, l'eau de l'ancien lavoir a été reconnue colorée par la fluorescéine. La nappe où s'alimente le puits de cette pompe est en relation avec celle qui alimente les sourcins de l'ancien lavoir. La communication s'établit, par conséquent, avec la source Saint-Jacques par le moyen des sourcins du canal de décharge, ainsi que nous l'avons vu précédemment.

Dans cette expérience, il a été constaté que l'eau du puits de la propriété voisine, désigné sous le n° 10, n'a été, à aucun moment, colorée, même après que la coloration eut été reconnue dans l'ancien lavoir.

7e *Expérience.* — Il y a, à gauche de la propriété de la ville, en bordure sur la rue de la Ferme, une très ancienne maison dont les habitants s'alimentent d'eau à un puits situé dans la cour qui est en arrière de la maison. Ce puits a une profondeur de 7m70 à partir du sol, avec une réserve d'eau de 0m35 à 0m50 de hauteur.

Le 30 octobre, j'ai versé dans ce puits, en deux fois, à 10 h. 50 et à 11 h. 10 du matin, une solution de fluorescéine qui a coloré l'eau d'une façon intense. Entre midi et demi et une heure, j'ai prélevé des échantillons d'eau :

1° Dans la cuve de la source Saint-Jacques ;

2° Dans le canal de décharge, au-dessus des sourcins ;

3° Au puits n° 10 ;

4° Au déversoir de la source Fauvel ;

5° Au puits n° 1 ;

6° A un puits situé rue Cuvelier, dans l'enclos Blondel, au-delà du viaduc du chemin de fer.

Examinés au fluorescope, aucun de ces échantillons n'a présenté la moindre coloration.

J'ai continué ensuite le prélèvement et l'examen des échantillons :

A 2 heures après-midi, à la source Saint-Jacques, coloration nulle. Aux sources Fauvel, coloration nulle.

A 2 heures et demie, aux Cressonnières de l'enclos Blondel, coloration nulle.

A 3 heures, à la source Saint-Jacques, coloration nulle. Aux sources Fauvel, coloration nulle.

Le lendemain, 31 octobre, j'ai continué l'examen comme suit :

De 11 heures et demie à midi et demi :

1° A la source Saint-Jacques, à la sortie des sourcins du canal de décharge ;

2° A l'ancien lavoir ;

3° Au déversoir des sources Fauvel ;

4° A la pompe n° 2 ;

5° A la pompe n° 3 ;

6° A la pompe n° 1 ;

7° A la pompe n° 10 ;

8° Aux deux sources des cressonnières de l'enclos Blondel ;

9° A la pompe de l'enclos Blondel.

Tous ces échantillons ont été examinés au fluorescope, à mesure de leur prélèvement; aucun n'a présenté la moindre coloration. L'eau du puits « fluorescéiné », quoique d'une coloration un peu moins prononcée que la veille, était encore très fortement colorée.

Le 2 et le 5 novembre, j'ai répété le même examen, alors que la coloration était encore nettement appréciable, à l'œil nu, dans l'eau du puits ; au bout de huit jours, la coloration persistait encore.

L'eau de ce puits se renouvelle donc très lentement ; l'eau colorée ne se répand dans le sol que peu à peu, d'une façon continue, de telle sorte qu'il ne s'en trouve qu'une quantité infinitésimale constamment mélangée avec la nappe superficielle où s'alimentent les puits circonvoisins. C'est, sans doute, cette lenteur du mélange de l'eau colorée du puits avec l'eau de la nappe superficielle qui rend les traces de coloration si fugaces et si difficilement reconnaissables même au fluorescope.

Aucun des échantillons d'eau, puisés aux points ci-dessus indiqués, n'a donc présenté de coloration indiscutable ; je dois dire cependant qu'en fin d'expérience, il m'a semblé que les venues d'eau se trouvant à gauche du puits « fluorescéiné », c'est-à-dire vers Darnétal, présentaient une coloration à peine discernable, tandis que celles qui se trouvent sur le même versant que la source Saint-Jacques n'en ont certainement présenté aucune. Dans ce cas, le sommet de la double pente du sol, dont j'ai parlé précédemment et qui se dirige d'un côté vers Darnétal et de l'autre vers Saint-Léger-du-Bourg-Denis, formerait la ligne de partage des versants de la nappe superficielle.

C'est bien ainsi d'ailleurs que les choses doivent être, le niveau piézométrique, qui délimite la partie supérieure de la nappe superficielle, épousant *grosso modo* la courbe de la surface du sol. En conséquence, il serait inutile de reporter au-delà du sommet de la double pente l'établissement d'une zone de protection de l'émergence de la source, puisque les eaux d'infiltration, à gauche de ce sommet, suivent une direction opposée à celle du versant sur lequel se trouve la source Saint-Jacques.

Il résulte enfin de toutes ces expériences et observations :

1° Que le terrain où sont creusés les trous à fumier, où sont enfoncés les tubages des pompes et forés les puits, est un terrain éminemment perméable ;

2° Que les trous à fumier sont une cause manifeste et permanente de contamination du terrain environnant la chambre de captage de la source ;

3° Que les tubages des pompes placées aux alentours de la chambre de captage communiquent, grâce à la perméabilité du terrain et par les fissures de la craie, avec l'eau des sources ;

4° Que les eaux polluées ou contaminées peuvent retourner dans la profondeur en s'infiltrant, soit par les corps de pompes et le tubage de ces pompes, soit par les ouvertures pratiquées à la surface du sol pour le passage des tuyaux des pompes ;

5° Que, partant d'un point quelconque, une eau contaminée, en gagnant la profondeur, s'étend à la périphérie du point contaminé, mais que le sens de la propagation est surtout déterminé par les courants de la nappe superficielle ;

6° Qu'une eau contaminée s'infiltre assez profondément dans le sol pour rejoindre, en un temps relativement court, par les fissures de la craie, l'eau des sources ;

7° Enfin qu'à partir du sommet de la double pente déjà indiquée, la marche de la nappe superficielle suit la pente naturelle de la surface du sol ; c'est-à-dire qu'à l'Ouest, versant opposé à celui de la source, cette nappe descend vers Darnétal, tandis qu'à l'Est elle se répand vers l'émergence de la source Saint-Jacques.

Ces considérations me semblent grandement suffisantes pour justifier les conclusions que j'ai cru devoir donner, dans ma première note, relativement à la source Saint-Jacques et qui se résument ainsi :

a. — Suppression radicale des trous à fumier et des tubages des pompes qui sont à proximité de la source et dont la communication avec celle-ci a été établie par les expériences à la fluorescéine.

Ces trous à fumier et ces pompes sont désignés sur le plan par les numéros 1, 2, 3, 5, 6, 7 et 8.

b. — Suppression des habitations dont la présence est une cause de pollution du sol et une constante menace de contamination pour la source.

Ces habitations sont désignées sur le plan par les lettres J, K, L, M, N, O.

NOTE COMPLÉMENTAIRE

Depuis que les conclusions de ma première note, concernant la protection de la source Saint-Jacques, ont été développées devant la COMMISSION TECHNIQUE D'ÉTUDE DES EAUX, une partie des améliorations que j'ai proposées a été mise à exécution.

Il a été notamment porté remède au mauvais état du canal de décharge qui recevait, par les joints dégradés, les eaux de deux sourcins. Afin d'éviter toute irruption d'eau extérieure, une conduite en fonte, noyée dans un massif de béton, a été placée dans le canal de décharge. L'eau de la source Saint-Jacques, quand celle-ci n'est pas en service, suit maintenant, à l'abri de toute communication extérieure, cette conduite en fonte, pour rejoindre, en passant par le vivier, la rivière d'Aubette.

De plus, le robinet-vanne, qui se trouvait, en B, à la sortie du canal, a été reporté en C, presque à la naissance de ce canal. En aval de ce robinet-vanne, on a disposé, en travers du canal de décharge, un seuil qui fait, au-dessus de la maçonnerie contenant la conduite en fonte, une saillie de plusieurs centimètres. Cette saillie est suffisante pour que le plan d'eau du vivier et de l'ancien lavoir, parvenu à son maximum de hauteur, par obturation de l'orifice A du canal de décharge, ne puisse dépasser le seuil et elle empêche ainsi ces eaux de rejoindre la cuve de la source Saint-Jacques, quand celle-ci est en service, c'est-à-dire quand toute l'eau se déverse vers le réservoir du Choc, par l'aqueduc de dérivation. Mais cette même saillie est insuffisante quand la source, n'étant pas en service, se déverse dans le canal de décharge, comme le démontre l'expérience suivante :

8e Expérience. — Le 23 décembre 1903, après avoir obstrué partiellement l'orifice du canal de décharge du vivier, en A, la vanne de dérivation vers le Choc étant fermée, l'eau a monté dans l'ancien lavoir, dans le vivier et dans le canal de décharge de la source, par suite de l'afflux de l'eau des sourcins de l'ancien lavoir, au point qu'elle a dépassé le niveau du seuil placé en avant de la vanne de fermeture C de la nouvelle canalisation en fonte. Le niveau de l'eau, dans la cuve de la source, s'élevait en même temps et finalement cette eau refluait dans le vivier par dessus la canalisation en fonte noyée dans le béton et sortait par l'orifice ménagé dans les murailles au bout du canal de décharge. Il peut donc y avoir communication entre le lavoir et la source par dessus le seuil du robinet-vanne, mais cette communication ne peut s'établir que si on obstrue l'orifice A du canal de décharge du vivier et seulement quand la source n'est pas en service.

Dans le but de m'assurer que c'était bien par les sourcins du canal de décharge de la source Saint-Jacques que s'établissait la communication souterraine entre l'ancien lavoir et la source, j'ai fait, le 23 décembre 1903 et le 3 février 1904, les expériences suivantes :

9e Expérience. — Le 23 décembre 1903, le robinet-vanne du canal de décharge de la source étant fermé, celui de l'aqueduc de dérivation vers le Choc étant ouvert, par conséquent, la source se présentant dans les conditions de service, l'orifice A du canal de décharge du vivier a été partiellement bouché ; j'ai versé en quatre fois, de 10 heures à 10 heures 15, dans l'ancien lavoir, dans le vivier et dans la partie extérieure du canal de décharge de la source, une solution de fluorescéine suffisante pour colorer intensément tout le volume de l'eau.

Le plan d'eau du vivier s'est élevé au point de refluer dans le canal de décharge de la source, de s'y répandre au-dessus de la conduite noyée dans le béton et de s'arrêter seulement à 0m05 ou 0m06 au-dessous du seuil placé en avant du robinet-vanne C.

De 11 heures 15 à midi, j'ai prélevé, dans la cuve de la source et tout contre le robinet-vanne du canal de décharge, des échantillons qui ont été comparés, au fluoroscope, avec un échantillon pris dans la cuve avant le jet de fluorescéine. Il a été reconnu que ces échantillons ne présentaient pas la moindre trace de coloration.

10e Expérience. — Le 3 février 1904, l'usine du Choc étant en marche, par conséquent la source Saint-Jacques étant en service, le robinet-vanne du canal de décharge de la source étant fermé, l'orifice A du canal de décharge du vivier a été partiellement obstrué, de sorte que le plan d'eau s'est élevé dans l'ancien lavoir, dans le vivier et dans le canal de décharge de la source jusqu'au seuil placé en avant du robinet-vanne et sans franchir ce seuil.

À partir de 10 heures et à trois reprises différentes, une quantité de 0 k. 050 de fluorescéine en solution a été jetée dans le lavoir, dans le vivier et dans la partie extérieure du canal de décharge de la source.

Jusqu'à midi, des échantillons ont été prélevés en amont du robinet-vanne et dans la cuve de la source. L'examen au fluorescope n'a pas décelé la moindre coloration.

Il semble donc bien établi que la communication qui existait souterrainement, auparavant, entre l'ancien lavoir et la source, par les sourcins du canal de décharge, est maintenant interceptée, grâce à la pose d'une conduite en fonte dans ce canal de décharge.

3. — L'Aqueduc de dérivation
de Fontaine-sous-Préaux au Réservoir de la Jatte.

Les trois sources de l'If, Lefrançois et des Cressonnières, captées à leur émergence, à Fontaine-sous-Préaux, contribuent, ainsi que nous l'avons vu, à l'alimentation de la ville de Rouen.

Une chambre de captage, au fond de laquelle se trouve une cuve, est construite pour chacune des émergences, peu distantes les unes des autres.

À la source de l'If, l'eau parvient à la cuve par un canal horizontal, en partie maçonné, ouvert dans la craie turonienne compacte et se prolongeant jusqu'à 5 ou 6 mètres dans le massif crétacé.

À la source Lefrançois et à celle des Cressonnières, l'eau arrive dans la cuve au moyen d'un tubage métallique, vertical, de 1m10 de diamètre, disposé au milieu de la cuve et enfoncé jusqu'à une profondeur de quelques mètres atteignant, sans nul doute, la craie turonienne compacte.

Les eaux, à leur sortie des chambres de captage, rejoignent

un aqueduc collecteur qui les déverse dans une première chambre de jaugeage. Là, une partie de l'eau, équivalant à 140 litres à la seconde, est prélevée pour l'alimentation de la ville de Rouen et dirigée vers une chambre de partage définitif, tandis que le surplus est rendu au lit de l'ancien cours d'eau et forme la rivière de Robec.

Depuis cette chambre de partage définitif, dont le radier est à l'altitude de 63 mèt. 90, l'eau destinée à la ville de Rouen est déversée dans un canal souterrain dont la base est à l'altitude de 58 mèt. 50 à son débouché dans le réservoir de la Jatte, situé à Rouen, à l'Est de l'Avenue du Cimetière Monumental (Le trajet de l'aqueduc de dérivation est indiqué sur la carte au 80.000ᵉ par un tracé rouge).

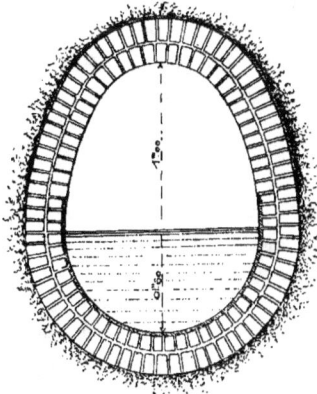

Fig. 4

COUPE TRANSVERSALE DE L'AQUEDUC DE FONTAINE-SOUS-PRÉAUX

Cet aqueduc de dérivation, dont la construction remonte à plus de trente années, a une longueur de 6,548 mètres depuis les sources jusqu'au réservoir de la Jatte. La section, de forme ovoïde, mesure intérieurement 1 mèt. 60 du radier à la voûte et 1 mèt. 20 dans sa plus grande largeur.

Il est construit en briques et, comme le montre le croquis (fig. 4), celles-ci n'ont pas été disposées en boutisses et en parpaings, comme on le fait ordinairement, mais on en a formé deux rouleaux distincts, qui sont séparés, paraît-il, par un enduit de ciment. A l'intérieur, la partie basse, où se fait l'écoulement de l'eau, est recouverte par un enduit de ciment qui la rend étanche sur une hauteur de 0 mèt. 80. Pour l'extérieur, dans toutes les parties de l'aqueduc où cela a été possible, la partie supérieure a été recouverte d'une chape en ciment ; dans la traversée de la craie compacte, cette chape a été remplacée par un blocage en mortier de ciment qui remplit tout le vide entre la maçonnerie et la roche. Cette disposition ne rend pas l'aqueduc parfaitement imperméable aux eaux extérieures, comme nous aurons l'occasion de le voir.

Dans son trajet de Fontaine-sous-Préaux au réservoir de la Jatte, l'aqueduc traverse des terrains d'alluvion, des éboulis de craie et, en majeure partie, de la craie compacte. Sa pente est continue et égale depuis la chambre de partage définitif jusqu'au réservoir ; l'écoulement de l'eau s'y fait en vertu de cette pente, qui est, au total, de 5 mètres 40.

L'aqueduc, qui est d'abord à fleur du sol ou à une très faible profondeur, traverse, à une assez grande profondeur, les massifs de craie qui bordent la vallée du Robec et se rapproche du sol dans la traversée des vallons qui viennent aboutir à cette vallée.

Pour le forage de la galerie destinée à recevoir l'aqueduc de 6.500 mètres, on a ouvert 38 puits d'extraction.

Quatre de ces puits, portant les numéros 7, 16, 21 et 34, ont été conservés. Les autres ont été comblés avec les déblais provenant du percement des puits et de la galerie. Une tourelle en maçonnerie, avec porte fermant à clé, protège l'orifice de ceux qu'on a conservés. Ces puits établissent une communication avec l'extérieur sur le parcours de l'aqueduc et permettent d'y pénétrer quand il en est besoin, soit pour des réparations, soit pour le nettoyage annuel, soit pour toute autre cause.

La Commission technique des eaux ayant décidé, sur la demande du Conseil d'hygiène du département, qu'une visite minutieuse de l'aqueduc serait faite, j'ai été chargé, sur ma proposition, de faire cette visite et de m'entendre avec M. l'Ingénieur-voyer de la ville de Rouen pour aviser aux moyens propres à la réalisation de cette décision.

Après entente avec M. l'Ingénieur-voyer et avec M. le chef d'exploitation de la Compagnie générale des Eaux, il a été arrêté que cette visite serait faite le 1er décembre 1903.

PREMIÈRE VISITE.

Du procès-verbal rédigé à la suite de cette visite, j'extrais les quelques lignes qui suivent :

« ..... une visite minutieuse de l'aqueduc de dérivation des « eaux de Fontaine-sous-Préaux a été effectuée le 1er décembre « 1903.

« Assistaient à cette visite :

« M. Fortin, géologue,

« M. Gogeard, ingénieur-voyer de la ville de Rouen,

« M. Mercier, chef d'exploitation de la Compagnie générale « des eaux,

« M. Foulon, contrôleur du service des eaux,

« M. Plessis, inspecteur de la Compagnie générale des Eaux.

« M. Guerbet, chef du Laboratoire de bactériologie, sur la « demande de M. le Dr Millet, directeur du Service de santé du « 3e corps d'armée, était chargé de prélever des échantillons sur « les points où l'aqueduc reçoit des eaux par les barbacanes « ménagées à cet effet.

« M. Guerbet a parcouru également la canalisation dans toute « sa longueur.

« La visite, commencée à neuf heures et demie du matin, « s'est terminée à cinq heures un quart du soir, avec une inter-« ruption de onze heures et demie à une heure un quart.

« M. Mercier a dû abandonner la visite à Saint-Martin-du-« Vivier ».

L'aqueduc a été parcouru et inspecté dans toute sa longueur.

Je me suis servi, comme éclairage, d'une lanterne à acétylène, dite « Phare », qui projetait contre les parois de l'aqueduc une clarté très vive permettant de voir la construction dans ses moindres détails.

D'une façon générale, la maçonnerie a été reconnue en bon état. Dans tout le parcours, il n'existe ni fissures, ni crevasses ; le revêtement en ciment qui garnit la partie basse de l'aqueduc est partout en bon état et paraît avoir conservé son étanchéité. La profondeur à laquelle se trouve, au-dessous du sol, cet aqueduc, le soustrait aux variations de la température exté-rieure ; par suite, la température qui y règne est d'une fixité constante et c'est sans nul doute une des causes de sa bonne conservation. Une seule fissure de quelques millimètres de largeur existe à la voûte de l'aqueduc-collecteur ; elle se trouve à l'origine de l'aqueduc, près des sources, et comme cette partie de l'aqueduc est comprise dans le périmètre du terrain protégé et enclos, la fissure ne présente aucune gravité.

Mais si le revêtement intérieur en ciment conserve aux parties basses de l'aqueduc leur étanchéité, il faut reconnaître qu'il n'en est pas de même pour les parties hautes. La chape extérieure en ciment et le blocage épais en mortier de ciment qui isolent la maçonnerie du terrain environnant, dans lequel s'ouvre la galerie, ne préservent pas entièrement l'aqueduc des infiltrations d'eau extérieure. Malgré le bon état de la construction, malgré l'absence de fissures ou de crevasses, l'aqueduc, dans la traversée des terrains chargés d'eau et dans celles des régions très humides, reçoit des infiltrations à travers la maçonnerie, indépendamment des eaux qui y font irruption par des barbacanes ménagées dans les parois, ou des eaux qui ont été rencontrées sur le parcours lors de la construction de la galerie et qui ont été captées dans le but d'augmenter le débit des sources.

Telles sont les constatations faites relativement à l'état général actuel de la maçonnerie de l'aqueduc.

Voici maintenant le résultat détaillé de l'examen qui a été fait et des observations que j'ai notées au cours de la visite effectuée le 1er décembre 1903.

Dans deux visites ultérieures que j'ai faites dans l'aqueduc, j'ai eu l'occasion de reconnaître que des modifications s'étaient produites dans le régime des nappes aquifères rencontrées sur le parcours de la galerie. Je les signalerai plus loin.

De la partie de l'aqueduc qui reçoit les eaux à l'émergence des trois sources et les conduit à la chambre de partage définitif, il n'y a rien à dire, si ce n'est que la maçonnerie a été trouvée en parfait état et qu'une seule fissure peu importante, comme je l'ai dit, y a été reconnue. Toute cette partie de l'aqueduc est comprise dans le périmètre du terrain protégé.

Depuis l'origine de l'aqueduc de dérivation, à la sortie de la chambre de partage définitif, jusqu'au point kilométrique 1+175, la voûte de l'aqueduc est humide, par places, sans suintements, notamment au voisinage des anciens puits d'extraction désignés sous les numéros 1 *bis* (km. 0 + 615), 3 *bis* (km. 0+813), 3 *ter* (km. 0+862), 4 (km. 0+950) et 5 (km. 1+045).

Vers le point kilométrique 1+190, sur une longueur de quelques mètres, la voûte est très humide et il se produit quelques très légers suintements.

Entre les puits 5 *ter* et 6 (km. 1+335 et 1+385) la voûte est très humide. On voit, par places, à la naissance du revêtement de ciment de la partie basse, de légères traînées verticales qui rejoignent le plan de l'eau canalisée quand celle-ci s'écoule normalement vers le réservoir de la Jatte et qui indiquent que la maçonnerie n'est pas absolument impénétrable aux infiltrations extérieures. Il y a eu dans cette région de l'aqueduc, lors de la construction de la galerie, un éboulement de 43 mètres de longueur.

L'humidité de la voûte reparaît ensuite à peu près à partir du point kilométrique 1+625 jusqu'au point 1+700, un peu avant de parvenir au puits conservé n° 7, situé dans le vallon de Saint-Martin.

La voûte est ensuite sèche.

Dans la région du puits 9 (km. 1+900 à km. 1+950), la voûte est très humide, mais on n'y voit aucun suintement.

Du point kilométrique 1+950 au point 2+050 la voûte est très sèche.

De 2+070 à 2+240, il existe dans les parois de l'aqueduc quarante petites barbacanes qui mettent l'intérieur de l'aqueduc en communication avec l'extérieur. Pour la plupart, ces barbacanes sont simplement humides, mais elles ne fournissent aucun débit appréciable. Dans toute cette région, la voûte de l'aqueduc est humide et on remarque, de place en place, au niveau de la partie basse cimentée de l'aqueduc, de petites traînées brunâtres indiquant qu'il y a eu, en d'autres temps, de légères infiltrations à travers la maçonnerie. — Au point 2+150, il y a, à la voûte, une infiltration un peu plus prononcée, qui laisse tomber, de temps en temps, dans l'aqueduc, une goutte d'eau. Un échantillon de cette eau a été prélevé par M. Guerbet, pour en faire l'analyse bactériologique (échantillon n° 1).

De 2+240 à 2+350, la voûte est sèche. A ce point 2+350, quelques traînées verticales, brunâtres, au niveau de la partie basse cimentée, indiquent d'anciennes infiltrations, actuellement arrêtées.

Entre 2+350 et 2+430, il y a cinq barbacanes qui sont humides et dont quatre ne fournissent aucun débit. A l'une d'elles, qui fournit quelques gouttes d'eau, un échantillon a été prélevé (échantillon n° 2).

Au point 2+440, un échantillon a également été pris (échantillon n° 3) à une infiltration légèrement boueuse se faisant jour à travers la maçonnerie, à la voûte de l'aqueduc.

De 2+440 à 2+650, la voûte est humide. Des traces d'infiltrations légères se voient au niveau de la partie cimentée. Trois barbacanes simplement humides sont ouvertes dans la paroi de l'aqueduc.

De 2+650 à 2+680, la voûte est un peu plus humide. Quatre barbacanes, sans débit appréciable, sont ouvertes.

A partir de ce point 2+680 jusqu'au point 2+855, on a rencontré, lors du creusement de la galerie, toute une série de petits sourcins d'un débit très appréciable, puisque, à cette époque (1870-71), leur jaugeage a donné un volume supérieur à 150 m³ par 24 heures. Ces sourcins font irruption dans l'aqueduc au moyen de barbacanes ouvertes dans les parois latérales. — Le 13 mars 1901, le Service des eaux a effectué le jaugeage du débit des barbacanes. Ce jaugeage a donné, par 24 heures, 75 m. 344. Le débit de ces sources est, d'ailleurs, très variable, suivant l'état général annuel plus ou moins humide de l'atmosphère. Lors de la visite du 1er décembre, quelques barbacanes seulement, dans cette région de l'aqueduc, donnaient un jet assez fort. Dans les deux visites que j'ai faites plus tard, le régime de ces barbacanes s'était sensiblement modifié, comme on le verra dans la suite de ce compte rendu.

Au point 2+750, un échantillon d'eau a été prélevé par M. Guerbet, à un jet faisant irruption par une barbacane (échantillon n° 4).

Un autre échantillon a été prélevé au point 2+848 (échantillon n° 5).

Au point 2+950, une barbacane unique est complètement sèche.

A partir de ce point 2+950 jusqu'au point 3+250, la voûte de de l'aqueduc est sèche. On ne remarque, de place en place, au niveau de la partie cimentée de l'aqueduc, que de rares traces d'infiltrations anciennes, indiquées par de petites traînées brunâtres sur la paroi cimentée.

De 3+340 à 3+470, la galerie traverse une région particulièrement faillée, ainsi que l'indique le profil qui a été dressé lors de l'exécution des travaux. Dans toute cette partie, la voûte de l'aqueduc est complètement sèche.

De 3 + 470 à 3 + 925, la voûte est remarquablement sèche; il n'y a pas traces d'infiltrations.

A partir de ce dernier point, la galerie traverse de nouveau, jusqu'au point 4 + 095, une région de failles dont l'importance et la direction sont indiquées sur le profil de la galerie. On remarque, dans cette région, quelques traces d'infiltrations.

Au point 3 + 998, une belle source a été captée. Elle est recueillie dans un bassin construit au droit de l'aqueduc où elle se déverse. Son débit, qui était de 172,800 litres par 24 heures, en 1870-71, a été trouvé n'être plus que de 123,450 litres, lors du jaugeage effectué le 13 mars 1901. Un échantillon de l'eau de cette source (échantillon n° 6) a été prélevé par les soins de M. Guerbet.

Au point 4 + 040, une légère infiltration paraissant boueuse se fait jour à travers la maçonnerie de la voûte. M. Guerbet y a prélevé un échantillon (échantillon n° 7).

Jusqu'au point 4 + 150 on remarque quelques traces d'anciennes infiltrations au niveau de la partie cimentée de l'aqueduc, quoique la voûte soit bien sèche.

De ce point 4 + 150 jusqu'au point 4 + 310, l'humidité de la voûte disparaît peu à peu.

A partir du point 4 + 310 jusqu'à l'extrémité de l'aqueduc, c'est-à-dire jusqu'à son débouché dans le réservoir de la Jatte, soit sur une longueur de 2,190 mètres, la maçonnerie est absolument sèche. On n'y voit pas la moindre trace d'infiltration ou d'humidité provenant de l'extérieur.

Il est bon de remarquer que c'est à peu près au milieu de cette portion de plus de deux kilomètres de longueur, remarquablement sèche, que se trouve le point le plus rapproché des cimetières situés au sommet du coteau que traverse l'aqueduc. Dans la traversée de ce coteau, leur influence est donc absolument nulle sur l'aqueduc.

Les échantillons d'eau et de boue qui ont été prélevés aux différents points de l'aqueduc ci-dessus désignés ont été soumis, par M. Guerbet, à une analyse bactériologique dont les résultats sont exposés dans la note ci-après transcrite, que M. le Chef du **Laboratoire de** bactériologie m'a fait parvenir le 6 janvier 1904.

Mais auparavant, c'est-à-dire le 7 décembre 1903, M. Guerbet m'a adressé une lettre dans laquelle il m'avise que :

1. — L'échantillon d'eau n° 4 contient :

1° Une quantité innombrable de germes (plus de 100,000 au c.c.) ;

2° *Du coli-bacille en abondance* ;

3° Des germes de la putréfaction, non encore bien isolés.

Il ajoute qu'il y aurait lieu de refaire un prélèvement en cet endroit de la canalisation, afin de renouveler l'expérience et de prendre une quantité suffisante de liquide pour la recherche du bacille typhique.

2. — Les boues 3 et 7 renferment, elles aussi :

1° Du coli-bacille ;

2° Des germes de la putréfaction.

Il fut alors décidé qu'un second prélèvement d'échantillons aurait lieu et la date en a été fixée au 14 décembre suivant.

Résultat de l'analyse bactériologique des échantillons
prélevés dans la première visite de l'aqueduc.

LABORATOIRE DE BACTÉRIOLOGIE —	ANALYSE des prélèvements faits dans le canal d'adduction des eaux de Préaux. 2 décembre 1903.		
NUMÉROS DES ÉCHANTILLONS ET QUALITÉ.	NOMBRE DE GERMES AU CENTIMÈTRE CUBE.	QUALITÉ DES GERMES.	OBSERVATIONS.
Nos 1 Eau	35 germes.	Pas de colibacille.	
2 Eau	12 germes.	Pas de colibacille.	
3 Boue		Bactéries du sol.	
4 Eau	Colonies innombrables au 3e jour.	Colibacille et liquéfiants.	Eau très trouble.
5 Eau	560 germes.	Pas de colibacille.	Eau trouble.
6 Eau	43 germes.	Pas de colibacille.	
7 Boue		Bactéries du sol.	

Rouen, le 6 Janvier 1904.

Le chef du Laboratoire,

M. GUERBET.

Détermination du point kilométrique des prélèvements.

Nos 1.......... kilomètre 2+150
2.......... — 2+350 à 2+430
3.......... — 2+440
4.......... — 2+750
5.......... — 2+848
6.......... — 3+998
7.......... — 4+040

DEUXIÈME VISITE.

Le 14 décembre 1903, j'ai donc fait, avec M. Guerbet, chef du Laboratoire de bactériologie, et accompagné de M. Foulon, contrôleur du Service des eaux, une seconde descente dans l'aqueduc de dérivation de Fontaine-sous-Préaux au réservoir de la Jatte. Nous avons pénétré dans l'aqueduc par le puits n° 7, situé dans le vallon de Saint-Martin-du-Vivier, au point kilométrique 1 + 732. Nous avons parcouru l'aqueduc jusqu'au point kilométrique 3 + 000.

Des échantillons ont été prélevés, sur ce parcours, comme il est dit ci-après.

Vers le point 1 +935-1+940 à quelques mètres avant de parvenir au puits 9, une infiltration se produit dans la paroi de l'aqueduc, où l'on voit au niveau de la partie cimentée un dépôt noirâtre dont un échantillon (échantillon n° 4) a été prélevé par M. Guerbet. Lors de la visite du 1er décembre, il n'y avait à cet endroit aucun suintement où il fut possible de recueillir un échantillon ; la voûte était seulement très humide. L'humidité paraît être plus prononcée et s'étendre davantage à la voûte de l'aqueduc.

Le but principal de cette seconde visite était de reprendre, au même point que le 1er décembre, un nouvel échantillon de l'eau qui faisait irruption dans l'aqueduc par l'une des barbacanes situées entre les points 2+700 et 2+750. A l'époque de la première visite, une seule barbacane de ce groupe donnait un débit appréciable et déversait un mince filet d'eau dans l'aqueduc. Les autres étaient simplement humides. Le 14 décembre, le débit était un peu plus important et un filet d'eau se déversait en deux points, où des échantillons ont été prélevés :

1° A la troisième barbacane du groupe, juste en face du point kilométrique 2+750 (échantillon n° 1) ;

2° A la cinquième barbacane, au point 2+752 (échantillon n°2).

Au point kilométrique 2 + 848, où deux sourcins ont été rencontrés lors du percement de la galerie, une eau trouble se déverse dans l'aqueduc par une barbacane. Un échantillon, désigné sous le n° 5, avait été prélevé à ce point, lors de la première visite. Un nouvel échantillon, désigné sous le n° 3, dans le tableau ci-après, a été recueilli au même point ; mais au lieu de le prendre à la sortie de la barbacane, il a été recueilli à une infiltration se déversant goutte à goutte de la voûte, à ce même point 2 + 848, au-dessus de la barbacane. Lors de la première visite, la voûte était humide, mais on n'aurait pas pu y recueillir d'échantillon d'eau.

L'exploration a été poussée jusqu'au point kilométrique 3+000 où elle a pris fin, l'analyse des échantillons prélevés antérieurement au-delà de ce point, vers l'aval, ayant donné des résultats satisfaisants sous le rapport de la qualité de l'eau. J'ai seulement constaté que l'humidité de la voûte, malgré le peu de temps écoulé depuis la première visite, était en progression.

LABORATOIRE DE BACTÉRIOLOGIE —	ANALYSE des prélèvements faits dans le canal d'adduction des eaux de Préaux. 14 décembre 1903.		
NUMÉROS DES ÉCHANTILLONS ET QUALITÉ.	NOMBRE DE GERMES AU CENTIMÈTRE CUBE.	QUALITÉ DES GERMES.	OBSERVATIONS.
1 Eau	45.200 germes.	Coli et liquéfiants.	Eaux troubles. Echantillons pris à deux barbacanes voisines.
2 Eau	43.700 germes.	Coli et liquéfiants.	
3 Eau	350 germes.	Pas de coli.	
4 Boue		Moisissures ; pas de germes pathogènes.	

Rouen, le 6 janvier 1904.

Le Chef du Laboratoire,

M. Guerbet.

Détermination du point kilométrique des prélèvements.

Nos 1 . . . . kilomètre 2 + 750
  2 . . . .   —   2 + 752
  3 . . . .   —   2 + 848
  4 . . . .   —   1 + 935-1 + 940

L'analyse bactériologique a démontré d'une façon incontestable que des eaux mauvaises ont accès dans l'aqueduc et contaminent d'une façon permanente l'eau qui est canalisée jusqu'au réservoir de la Jatte. Elle a, de plus, permis de reconnaître les points précis où ces eaux font irruption dans l'aqueduc.

Les résultats des analyses m'étant parvenus le 7 janvier, je les ai portés dès le lendemain à la connaissance de M. le Maire. Des dispositions préliminaires et provisoires ont été prises sans

5

retard pour rechercher les moyens d'empêcher les eaux reconnues nuisibles de pénétrer dans l'aqueduc.

Entre temps, dans le but de m'assurer si les eaux mauvaises
qui font irruption dans l'aqueduc proviennent d'un point de la
surface peu éloigné, j'ai fait, sur le plateau et sans m'écarter
beaucoup de la ligne de direction suivie par la galerie souterraine, plusieurs explorations.

Je n'ai constaté, sur cette partie de la surface du sol, aucune
excavation, aucun trou qui permette aux eaux superficielles de
s'engouffrer rapidement dans le sol et de venir, en faisant un
trajet très voisin de la verticale, en contact avec l'aqueduc et
de s'y introduire par les barbacanes. On n'y rencontre pas d'habitations ; partout des champs cultivés.

Une exploitation agricole, la ferme de la Petite-Bouverie,
constitue le groupe d'habitations et de bâtiments le plus rapproché du point où des eaux mauvaises parviennent à l'aqueduc.
En admettant que ces eaux polluées aient une provenance peu
éloignée, on n'aurait pu incriminer que la fosse à purin qui se
trouve sur cette ferme, comme d'ailleurs sur toutes les exploi-
tations de même genre. Cette fosse, qui a environ 1 m. 50 de
longueur sur 0 m. 80 de largeur et 1 m. 50 de profondeur, est
construite en maçonnerie de briques ; elle est enduite intérieurement d'un revêtement de ciment propre à la rendre étanche ;
mais, en raison du mauvais état de ce revêtement qui est fis-
suré et désagrégé dans sa partie haute, la fosse a perdu son
étanchéité. J'ai versé et dilué 0 k. 050 de fluorescéine dans cette
fosse, alors que celle-ci était remplie presque jusqu'au bord et que
le contenu se répandait, à travers les joints désagrégés du couron-
nement de la maçonnerie, sur la déclivité du sol et coulait dans
les ornières du sentier qui se trouve un peu en contre-bas.

Quelques jours après le jet de fluorescéine, je suis retourné
dans l'aqueduc pour une troisième fois.

TROISIÈME VISITE.

Après entente avec le service des eaux, cette visite avait été
fixée au 22 février 1904. M. Guerbet, chef du Laboratoire
de bactériologie, que j'avais prévenu de la date fixée, ayant
été empêché, j'ai dû faire cette troisième exploration accom-

pagné seulement d'un fontainier, qui portait le matériel envoyé par M. Guerbet et nécessaire pour le prélèvement de nouveaux échantillons.

Descendu au puits n° 7, dans le vallon de Saint-Martin, j'ai parcouru l'aqueduc, vers l'aval, jusqu'au point kilométrique 4+250.

D'une façon générale, j'ai trouvé l'humidité de la voûte de l'aqueduc plus prononcée qu'aux deux visites précédentes. En de nombreux points où on ne pouvait que constater de l'humidité, il y a maintenant, à travers la maçonnerie, des suintements d'eau tombant goutte à goutte dans l'aqueduc. C'est ainsi qu'entre les points 2+070 et 2+240, les quarante barbacanes, seulement humides lors de la visite du 1er décembre, fournissent presque toutes de l'eau. Celles qui étaient à peu près sèches, sont humides ; celles qui étaient seulement humides débitent de l'eau qui coule le long de la paroi ; d'autres fournissent un fort jet qui atteint à peu près le milieu de la largeur de l'aqueduc.

Au point 2+087, primitivement humide, j'ai recueilli un échantillon de l'eau suintant goutte à goutte de la voûte (échantillon n° 5 du tableau ci-après).

Au point 2+232, au niveau de la partie basse cimentée de l'aqueduc, il se fait un suintement d'eau sale avec petit dépôt de boue, dont j'ai pris un échantillon (échantillon n° 4).

Presque partout, dans cette région des barbacanes, il y a des suintements d'eau à la voûte.

Dans la portion de l'aqueduc comprise entre les points 2+450 et 2+650, où on ne voyait d'abord que des traces d'anciennes infiltrations, il y a maintenant de place en place des suintements. J'ai recueilli, au point 2+515, un échantillon d'eau à un suintement qui se fait à travers la maçonnerie, au niveau de la partie basse cimentée (échantillon n° 1).

Lors des deux visites précédentes, des échantillons avaient été prélevés aux points 2+750 et 2+752. L'eau de ces échantillons a été reconnue, à l'analyse bactériologique, extrêmement chargée de germes. A cette visite du 22 février, j'ai constaté que l'eau fait irruption par les barbacanes avec plus de force et que le jet a sensiblement augmenté de puissance. L'eau s'infiltre également un peu partout à travers la maçonnerie. J'ai prélevé un échantillon (échantillon n° 3) à une infiltration qui se produit d'une façon plus accentuée, au niveau de la partie basse cimentée, vers le point 2+745.

Au point 3+088, dans la région de la traversée du massif sur lequel se trouve la ferme de la Petite-Bouverie, j'ai recueilli pour l'analyse bactériologique un dernier échantillon (échantillon n° 2) à un suintement boueux qui se produit à travers la maçonnerie.

Enfin, indépendamment des échantillons d'eau et de boue prélevés pour l'analyse bactériologique, j'ai recueilli, aux principales venues d'eau qui se trouvent le plus près de la région de la ferme de la Petite-Bouverie, d'autres échantillons plus volumineux.

Ceux-ci ont été examinés au fluoroscope, mais je n'ai pu y reconnaître la moindre trace de coloration.

La fluorescéine, que j'ai versée dans la fosse à purin de cette ferme, n'a pu être décelée dans aucun de ces échantillons.

Le purin et l'eau corrompue qui s'infiltrent dans le sol, à la ferme de la Petite-Bouverie, sont donc entraînés dans une autre direction et ne parviennent pas à rejoindre les courants qui se rapprochent de l'aqueduc et y font irruption soit par infiltration, soit par les barbacanes.

J'ai poussé, dans cette troisième visite, mon exploration au-delà du point où, le 1er décembre dernier, il a été constaté que disparaissait toute trace d'humidité dans la maçonnerie de l'aqueduc. J'ai pu m'assurer que, de ce côté, le régime hydrologique du massif n'a pas changé et que la maçonnerie reste sèche. Dans cette région, que traverse la partie terminale de l'aqueduc, le niveau piézométrique est encore au-dessous de la ligne suivie par la galerie.

LABORATOIRE DE BACTÉRIOLOGIE —	CANALISATIONS DE LA VILLE Prélèvements faits par M. Fortin le 22 février 1904.		
NUMÉROS	NOMBRE DE GERMES	COLI	OBSERVATIONS
1 Eau	90 germes.	Néant.	
2 Boue	Aucun germe anormal.		
3 Eau	4.200 germes.	Présence.	
4 Boue	Bactéries de la terre cultivée.		
5 Eau	220 germes.	Absence.	

Rouen, le 11 mars 1904.

M. GUERBET.

Détermination du point kilométrique des prélèvements

Nos 1............	kilomètre	2+515
2............	—	3+088
3............	—	2+745
4............	—	2+232
5............	—	2+087

Lors des premiers prélèvements d'échantillons, le 1er décembre 1903, l'analyse bactériologique a décelé la présence de plus de 100,000 germes au cm³ dans l'échantillon d'eau prélevé au point 2+745. Les échantillons prélevés en ce même point, le 14 décembre suivant, en contiennent respectivement 45,200 et 43,700. Enfin, au troisième prélèvement d'échantillons, en ce point, le 22 février 1904, on ne trouve plus que 4,200 germes au cm³, tandis que toutes les autres irruptions ou infiltrations d'eau dans l'aqueduc sont reconnues inoffensives ou même de bonne qualité. Seule, l'eau qui fait irruption dans l'aqueduc au point 2+745 demeure constamment mauvaise, avec des variations dans la teneur en germes.

C'est du moins la seule eau mauvaise qu'il a été possible de reconnaître, car, en outre des eaux qui font irruption dans l'aqueduc, soit par infiltration ou suintement, soit par les barbacanes, soit même par une disposition spéciale, comme c'est le cas pour la source captée au point 3+998, eaux dont il a été possible de prélever des échantillons sans mélange, il existe encore une autre venue d'eau, dont je n'ai pas parlé et qui ne peut être passée sous silence.

Sur une certaine longueur, il existe au-dessous de l'aqueduc une rigole de drainage qui a été établie, lors de la construction, pour recueillir les eaux étrangères aux sources captées à Fontaine-sous-Préaux ou sur le parcours même de l'aqueduc (source du point 3+998). Cette rigole de drainage, qui recueillait autrefois toutes les eaux rencontrées sur le parcours de la galerie, s'arrêtait à une grande fissure de la craie où les eaux se perdaient à un niveau inférieur à celui de l'aqueduc. Or, cette rigole de drainage s'est trouvée obstruée soit par les dépôts de carbonate de chaux, soit par les sédiments, sables ou argiles, entraînés par l'eau. L'écoulement ne pouvant plus se faire par la rigole de drainage, l'eau a reflué vers l'amont, remplissant tous les vides qui se trouvaient entre l'extérieur de la maçonnerie de l'aqueduc et les parois de la galerie. Dans toutes les parties où la galerie avait recoupé des veines d'eau, il s'est formé un amas, une réserve d'eau, qui a exercé sur les parois de l'aqueduc une pression d'autant plus grande que l'apport était plus important et que le point d'alimentation était situé plus haut par rapport au plan de l'aqueduc. Cette pression est devenue telle que l'eau a fait irruption à travers les chapes cimentées et la maçonnerie, menaçant de désagréger les joints et de provoquer des éboulements dans la construction. C'est alors, je pense, que, pour parer aux graves inconvénients que pouvait faire craindre cette poussée de l'eau extérieure, on s'est décidé à ouvrir à cette eau un passage normal à travers la maçonnerie et à lui donner accès dans l'aqueduc au moyen des barbacanes.

Donc, la rigole de drainage est obstruée et il en résulte ce qui vient d'être dit. A un certain point de l'aqueduc, il y a, au radier, une ouverture qui livre passage à l'eau de drainage. J'ignore la quantité d'eau qui fait irruption par cette ouverture; en tous cas, elle est loin d'être négligeable, car l'eau sourd avec une certaine force et en formant un gros bouillonnement.

Il n'a pas été possible de prendre un échantillon de cette eau, parce que, lors des deux premières visites, bien que les vannes d'admission de l'eau dans l'aqueduc eussent été fermées à Fontaine-sous-Préaux, il restait, au-dessus du radier, une certaine quantité d'eau qui s'écoulait lentement vers la Jatte et à laquelle se mélangeait l'eau de drainage à sa sortie de l'ouverture. A ma troisième visite, les vannes d'admission de Fontaine-sous-Préaux n'étaient qu'en partie fermées et l'eau atteignait au-dessus du radier une hauteur de 0^{m}35 à 0^{m}40, avec un courant bien accentué. On n'aurait donc obtenu, dans les trois cas, qu'un mélange de l'eau de drainage avec celle de l'aqueduc. Par suite, la qualité de cette eau demeure incertaine.

RÉSUMÉ ET CONCLUSIONS CONCERNANT L'AQUEDUC DE DÉRIVATION

De l'exposé qui vient d'être fait, il résulte :

Que l'aqueduc est demeuré en bon état dans toute sa longueur ;

Qu'une seule fissure sans importance existait à l'origine de l'aqueduc, dans la partie traversant le terrain protégé ;

Que l'aqueduc paraît bien étanche dans sa partie basse, où l'eau est canalisée ;

Que la chape extérieure en ciment n'est pas continue d'une extrémité à l'autre et qu'elle est remplacée, dans certaines parties, par un blocage en mortier de ciment ;

Que la maçonnerie n'est pas partout imperméable aux infiltrations extérieures ;

Qu'en plusieurs points cependant et sur une certaine longueur, la voûte est complètement sèche ;

Que, notamment à 2,190 mètres en amont du débouché de l'aqueduc à la Jatte (région voisine des cimetières) jusqu'au réservoir même de la Jatte, il n'y a pas traces d'infiltrations extérieures et que, sur toute cette longueur, la maçonnerie est complètement sèche ;

Qu'en bien des points la maçonnerie est humide et que, à certains endroits, de l'eau filtre à travers la maçonnerie, soit à la voûte de l'aqueduc, soit au point du rouleau de maçonnerie où s'arrête la chape protectrice extérieure en ciment et où commence l'enduit intérieur de la partie basse ;

Que, par intermittence, des infiltrations boueuses se font dans l'aqueduc, en très minime quantité, à travers les briques, surtout à la ligne de raccord entre la chape extérieure et l'enduit intérieur ;

Que des sourcins existant sur le parcours de la galerie, ont été recueillis et se déversent dans l'aqueduc au moyen de barbacanes ouvertes dans les parois latérales de l'ouvrage ;

Qu'une source assez importante a même été captée, dont le débit s'ajoute, dans l'aqueduc, à celui des sources de Fontaine-sous-Préaux ;

Que des eaux de drainage, dont l'analyse n'a pu être faite, font également irruption dans l'aqueduc ;

Que les eaux déversées dans l'aqueduc, soit par infiltration et suintement, soit par les barbacanes, soit par le captage du km. 3+998, soumises à un régime fort variable, sont, en général, de bonne qualité ;

Que, toutefois, les eaux provenant de la région voisine du km. 2+750 paraissent être constamment mauvaises ;

Qu'enfin la provenance des eaux, bonnes ou mauvaises, qui font irruption ou sont admises dans l'aqueduc, est incertaine et qu'en tous cas le voisinage d'une fosse à purin sur la ferme de la Petite-Bouverie ne semble avoir aucune influence sur ces eaux, ni aucune relation avec l'aqueduc.

Il est bien certain qu'à l'époque où a été construit l'aqueduc de Fontaine-sous-Préaux, on ne s'inquiétait pas, comme on le fait aujourd'hui, de la provenance des eaux, ni des variations qu'elles peuvent subir dans leurs qualités. Dès qu'il s'agissait d'eau de source, il semblait que cette eau remplissait toutes les conditions pour satisfaire aux besoins de l'alimentation humaine. On ne connaissait pas l'analyse bactériologique. Les sources de Fontaine-sous-Préaux ont été captées et l'aqueduc, avec captage de sources sur son parcours, a été construit conformément aux idées alors admises.

Aujourd'hui il est reconnu que les eaux de sources sont exposées, dans leur trajet souterrain entre les points d'absorption et ceux d'émergence, à des causes de contamination ou de pollution dépendant de la constitution des terrains qu'elles traversent et de la nature des roches qu'elles baignent dans leur parcours.

Pour ne parler, quant à présent, que des eaux qui se font

jour dans l'aqueduc, nous savons qu'une partie de ces eaux est mauvaise et qu'elle est une des causes de contamination des eaux recueillies aux émergences de Fontaine-sous-Préaux et qui sont canalisées dans l'aqueduc de dérivation.

Il est donc urgent de remédier aux imperfections ou aux défauts que présente la construction de l'aqueduc.

Je ne dis rien de la fissure remarquée à l'origine de l'aqueduc, car il a suffi de la signaler pour que le Service des eaux, qui est dans les attributions de M. l'Ingénieur-Voyer, ait fait tout de suite le nécessaire pour aveugler cette fissure.

Il semble superflu de rechercher la provenance des eaux qui font irruption dans l'aqueduc. Il suffit de savoir qu'il y en a de mauvaises. Le but à poursuivre et qu'il importe d'obtenir à tout prix, c'est l'élimination absolue de ces eaux, c'est la suppression du fonctionnement des barbacanes et l'obturation de toutes les barbacanes. Le seul remède c'est de chercher à faire disparaître les réserves d'eau amassées contre les parois externes de l'aqueduc, ou tout au moins à réduire et même anéantir, s'il se peut, la pression sous laquelle elles s'y trouvent. En supprimant la pression, on supprimera ou réduira à son minimum l'infiltration et ses effets.

On obtiendra sans doute ce résultat en donnant à l'eau extérieure un libre cours hors de l'aqueduc, en régularisant l'écoulement de cette eau ; en un mot en rétablissant le drainage de la galerie et en canalisant les eaux jusqu'aux fissures de la craie qui existent sur le parcours de la galerie et où elles iront se perdre.

Ce résultat pourrait aussi être obtenu, mais sans doute à des conditions plus onéreuses, en établissant le drainage à l'intérieur de l'aqueduc, c'est-à-dire en recueillant dans une canalisation spéciale en fonte, comme M. l'Ingénieur-Voyer en a eu l'idée, tout le produit des différents groupes de barbacanes, canalisation qui serait prolongée jusqu'à la fissure la plus proche. Outre l'encombrement d'une partie de l'aqueduc par la pose d'une canalisation, ce moyen n'obvierait pas complètement aux inconvénients des infiltrations et des suintements ; la pression extérieure, exercée sur les parois de l'aqueduc par les eaux amassées en certains points, ne serait pas supprimée.

La recherche des fissures de la craie, susceptibles d'être

utilisées pour la perte des eaux, sera facile, car la position et l'importance de ces fissures ont été soigneusement repérées sur le profil en long de la galerie, quand celle-ci a été creusée.

Dans le cas où la distance entre un groupe de barbacanes et une fissure de la craie serait très grande et entraînerait, par conséquent, à de grands frais de canalisation en fonte, il y aurait peut-être lieu d'examiner, mais seulement dans les régions où l'aqueduc ne passe pas à une grande profondeur au-dessous du sol, s'il ne serait pas plus avantageux de pratiquer, depuis la surface du sol jusqu'à une profondeur dépassant celle où se trouve l'aqueduc, un forage de petit diamètre, suffisant pour la perte des eaux drainées dans la canalisation en fonte. Ceci est à étudier, mais le drainage en dehors et au-dessous de l'aqueduc est infiniment préférable.

Au surplus la recherche des moyens utiles pour obtenir le drainage parfait de la galerie rentrant plutôt dans les attributions de l'ingénieur que dans celles du géologue, je n'insiste pas davantage sur ce sujet.

De l'élimination des eaux étrangères aux émergences de Fontaine-sous-Préaux et qui tombent dans l'aqueduc, je fais expressément une exception pour la source captée au point 3 + 998. Ce captage est fait dans de très bonnes conditions ; l'eau recueillie est d'une limpidité parfaite ; l'analyse en a constamment démontré la bonne qualité. Ce sont des raisons suffisantes pour ne pas se priver de cette ressource d'eau, si peu importante qu'elle puisse paraître.

Quant à l'aqueduc lui-même, il n'y a, ce me semble, pour le moment, aucune modification à y apporter. La maçonnerie est restée en bon état, malgré le temps écoulé depuis la construction. D'ailleurs, il ne faut pas perdre de vue que quelles que puissent être la disposition, l'épaisseur ou la qualité d'une chape en ciment, dite protectrice, cette chape ne résistera pas à l'infiltration des eaux qui se trouveront sous pression contre une de ses parois ; elle n'empêchera pas l'infiltration microbienne ni les suintements de se produire à l'intérieur. La maçonnerie est bonne, elle peut rester telle qu'elle est. C'est dans un autre ordre d'idées qu'il faut rechercher la réalisation des améliorations.

4. — Les Réservoirs.

Cinq réservoirs et une bâche assurent le service d'alimentation d'eau de la ville de Rouen.

Ce sont :

Le Réservoir du Choc, d'une contenance de 2.000 mètres cubes, situé à Darnétal et dont le radier est à l'altitude de 17 mètres.

Le Réservoir Sainte-Marie, d'une contenance de 6.000 mètres cubes, divisé en deux compartiments égaux, situé à Rouen, au haut de la rue de la République et dont le radier est à l'altitude de 39 mèt. 50.

Le Réservoir d'Ernemont, d'une contenance de 2.000 mètres cubes, situé au haut et à l'ouest de la rue d'Ernemont et dont le radier est à l'altitude de 89 mètres.

Le Réservoir de la Jatte, d'une contenance de 6.000 mètres cubes, situé à l'est de l'Avenue du Cimetière Monumental et dont le radier est à l'altitude de 58 mèt. 50.

Le Réservoir du Champ de Courses, d'une contenance de 13.000 mètres cubes, divisé en deux compartiments égaux, situé sur la route d'Elbeuf, en arrière du Champ de Courses et dont le radier est à l'altitude de 39 mètres.

Enfin, une *bâche d'alimentation* établie à l'ouest de l'Avenue du Cimetière Monumental, destinée au « service haut », et dont le radier est à l'altitude de 94 mèt. 50.

Ces réservoirs sont construits en maçonnerie de briques avec revêtement intérieur en carrelage ou en ciment dans les parties qui sont en contact avec l'eau. Le toit est voûté suivant un mode à peu près uniforme et l'extérieur est recouvert d'une chape en ciment destinée à assurer la protection contre les infiltrations. Les voûtes formant toit sont supportées soit par des pieds-droits, soit par des massifs en forme de piliers, le tout construit en briques et pierres.

La partie basse des réservoirs, noyée dans une fouille du terrain, se trouve à une certaine profondeur au-dessous du sol, tandis que la partie supérieure, qui excède le sol d'une quantité variable, est recouverte, aussi bien par-dessus que latéralement, d'un épais tertre gazonné destiné à soustraire le réservoir aux influences de la température extérieure.

Chaque réservoir est muni d'un regard assez largement ouvert pour que l'on puisse aisément y descendre, pour des vérifications, réparations ou nettoyages, au moyen d'une échelle fixe en fer. Une plaque de fonte, scellée sur la maçonnerie et bouchée par un tampon en fonte s'emboitant dans la plaque, ferme l'orifice du regard.

Il existe en différents points, au sommet des voûtes, des trous d'aération qui établissent une communication avec l'extérieur au moyen d'un tube en poterie de quelques centimètres seulement de diamètre traversant la maçonnerie. L'orifice extérieur de ces tubes est libre et n'excède guère le tertre gazonné ou même se trouve exactement au niveau du sol, de telle sorte qu'il est assez difficile de trouver, à l'extérieur, la place des orifices masqués par la végétation.

Au réservoir Sainte-Marie, il existe d'autres ouvertures d'aération, d'un diamètre plus grand que les précédentes (0^m25 à 0^m30 environ) placées également à fleur de terre et closes au moyen d'une grille en fonte, ajourée.

Ces quelques mots de description préalable étaient nécessaires afin d'éviter ensuite des redites et de rendre plus compréhensible l'exposé qui va être fait de la visite à laquelle chacun des réservoirs a été soumis.

1° Réservoir Sainte-Marie.

Ce réservoir, qui est divisé en deux compartiments, a été l'objet de deux visites.

Le premier compartiment (côté Est) a été visité le 4 décembre 1903 et le second compartiment (côté Ouest) l'a été le 7 décembre.

Assistaient à ces visites, ainsi qu'il en est fait mention aux procès-verbaux qui ont été rédigés : MM. Fortin, géologue ; Guerbet, chef du Laboratoire de bactériologie ; Gogeard, ingénieur-voyer de la ville de Rouen ; Mercier, chef d'exploitation de la Compagnie générale des Eaux ; Plessis et Renteux, inspecteurs de la Compagnie générale des Eaux.

Il a été reconnu qu'aucune fissure ni aucune crevasse n'existent dans la maçonnerie et que les enduits qui recouvrent les murs et le fond sont en bon état.

On remarque, à la base des voûtes, à leur raccord avec les

pieds-droits, des infiltrations dues aux précipitations atmosphériques tombant sur le tertre et s'y infiltrant et qui s'accumulent, à l'extérieur, dans les parties basses des voûtes. L'eau s'infiltre lentement à travers le revêtement extérieur en ciment et à travers la maçonnerie, dissout peu à peu et transforme la chaux des mortiers en carbonate qu'elle abandonne, soit sous forme d'arborescences contre les murs, soit sous forme de stalactites aux voûtes ou aux saillies, en s'égouttant à l'intérieur.

Dans le deuxième compartiment (côté Ouest), un échantillon (n° 1 du tableau inséré plus loin) de l'eau suintant de la sorte a été recueilli, pour être soumis à l'analyse bactériologique, en un point, situé au-dessous des constructions de l'Observatoire populaire, où les infiltrations paraissent plus importantes.

Au-dessous des trous d'aération et des regards permettant l'accès à l'intérieur, on voit, sur le fond du réservoir, un dépôt de sable qui paraît provenir des poussières soulevées par le vent à l'extérieur. Un échantillon de ce sable quelque peu vaseux (n° 2 du tableau), a été prélevé par M. Guerbet, aux fins d'analyse.

Indépendamment du sable vaseux, on trouve au-dessous des orifices d'aération, qui restent constamment ouverts, des graines, des brindilles de bois, des débris de coléoptères et enfin de nombreuses coquilles de petites *Helix*. Tous ces résidus végétaux ou animaux sont introduits par les orifices qui s'ouvrent à fleur du sol dans le gazon qui recouvre le tertre.

Un des trous d'aération se trouve dans l'enceinte du terrain concédé à l'Observatoire populaire. Il est placé au ras du sol et en bordure immédiate d'un chemin longeant le bâtiment principal de l'Observatoire, bâtiment où se tiennent les réunions du *Groupe astronomique*. Ce trou est fermé au moyen d'une grille en fonte, ajourée; une cuvette métallique, suspendue au-dessous de cette grille et facile à enlever pour le nettoyage, reçoit les poussières ou le sable que l'eau ou le vent entraînent dans ce trou. Mais la cuvette est plus petite que le trou d'aération; elle laisse tout autour un vide de quelques centimètres qui n'arrête pas les poussières et les laisse tomber dans le réservoir. Cette grille pourrait encore présenter d'autres inconvénients. Quelqu'un, étranger à l'Observatoire ou ignorant sa position sur un réservoir d'eau d'alimentation, pourrait bien, un soir, prendre cette grille, placée au bord d'un chemin et au pied d'un mur, pour autre chose que la fermeture d'un trou d'aération et ne la considérer que comme un simple égout. La méprise a pu se produire et, dans ce cas, ce n'est pas de l'eau claire qui est tombée dans le réservoir.

Les regards de chacun des deux compartiments sont fermés au moyen d'un tampon en fonte s'emboitant dans une plaque de même métal fixée à la maçonnerie. L'emboitement du tampon n'est pas hermétique de sorte que toute la poussière qui se fixe sur les plaques et sur les tampons est entraînée par la pluie dans l'intervalle entre la plaque et le tampon et tombe dans le réservoir.

J'ai, en outre, remarqué que le tampon du deuxième compartiment n'est pas utilisé et qu'il est remplacé par un simple couvercle en bois en mauvais état et constituant un obturateur des plus défectueux.

2° Réservoir du Choc.

Ce réservoir a été visité le 11 décembre 1903. Assistaient à la visite : MM. Fortin, Guerbet, Gogeard, Mercier, Plessis et Foulon.

Les maçonneries sont, en général, en bon état. Toutefois, à la gauche de l'échelle donnant accès dans ce réservoir, j'ai remarqué, au raccordement du mur et de la voûte, un léger décollement de la muraille, dans lequel j'ai pu introduire une lame de couteau. Il s'ensuit que, sur une certaine longueur, la maçonnerie présente une solution de continuité par où les racines des plantes du tertre extérieur s'introduisent et viennent baigner dans l'eau du réservoir.

Le mode de construction du toit de ce réservoir ne permet pas à l'eau d'infiltration extérieure de se répandre en dehors du massif de maçonnerie. Cette eau s'accumule dans les dépressions de la maçonnerie correspondant à la base des voûtes. Afin de donner une issue à l'eau ainsi accumulée, des drains débouchant dans le réservoir, ont été établis, de place en place, à une époque qui date peut-être de la construction. Il y avait à cela un inconvénient, c'est que le peu d'épaisseur du tertre du réservoir ne retenait pas assez longtemps les eaux pour qu'elles pussent s'y épurer ou y être filtrées, et les drains ne déversaient dans le réservoir qu'une eau impure et plus ou moins boueuse.

Dans une séance antérieure de la Commission d'études de protection des sources, celle-ci, avertie de cet état de choses, avait décidé que les drains seraient bouchés. Mais cette décision n'a pas procuré une solution entièrement satisfaisante de la question.

En effet, l'obturation des drains a été cause que l'eau ne trouvant plus d'écoulement à l'intérieur et ne pouvant s'échapper non plus à l'extérieur est restée dans les dépressions des voûtes. Malgré la chape extérieure en ciment, cette eau traverse aisément la maçonnerie et se répand, quand même, par infiltration, à l'intérieur du réservoir.

De plus, les drains ont été mal bouchés, car l'eau tombe goutte à goutte de trois des anciens drains, tandis qu'un quatrième donne passage à un mince filet d'eau.

Il existe, au sommet des voûtes, des orifices d'aération qui n'ont que quelques centimètres de diamètre. Tout autour de ces orifices qui s'ouvrent, à l'extérieur, au niveau du sol et qui ne sont protégés par aucun recouvrement, on voit à la voûte et sur une surface variant de 0 mèt. 70 à 1 mètre de circonférence environ, de nombreux petits amas de boue noirâtre formés par l'irruption de l'eau polluée extérieure.

De même, en certains points des voûtes, il existe de semblables dépôts boueux, rougeâtres, paraissant bien provenir de l'infiltration des eaux extérieures à travers la maçonnerie.

Des échantillons d'eau d'infiltration et des dépôts boueux intérieurs ont été prévelés par M. Guerbet, pour être soumis à l'analyse bactériologique.

Un échantillon d'eau (nᵒ 1') a été pris à un suintement de la voûte.

Deux échantillons des dépôts boueux rougeâtres de la voûte ont été prélevés sous les nᵒˢ 2' et 3.

Un échantillon de boue (nᵒ 4) a été prélevé à la base d'un orifice d'aération.

Enfin, un échantillon d'eau (nᵒ 5) a été recueilli à un écoulement d'un drain mal bouché.

3º Réservoir d'Ernemont.

La visite de ce réservoir a été faite le 16 décembre 1903.

Assistaient à la visite : MM. Fortin, Guerbet, Gogeard, Mercier, Plessis et Foulon.

Il a été reconnu que la maçonnerie était en bon état.

Des suintements se produisent au bas des voûtes et il y a, au-dessous des orifices d'aération et du regard permettant l'accès à l'intérieur du réservoir, un dépôt peu important de sable et de vase jaunâtre. On y voit aussi des débris de coléoptères et des coquilles de petites *Helix*.

Il existe, à la voûte de chacune des « chapelles d'angle », un orifice d'aération autour duquel, à l'intérieur et sur une étendue assez restreinte, s'est fait, à la voûte, un dépôt de limon noirâtre provenant de l'intrusion de l'eau extérieure de ruissellement.

En examinant les parois cimentées intérieures du réservoir, j'ai recueilli un lézard qui s'était sans doute introduit par un des orifices d'aération s'ouvrant à fleur de terre et perdus au milieu de l'herbe.

Le tampon en fonte qui ferme le regard est à emboitement et se trouve au niveau du sol.

4° Réservoir du Champ-de-Courses.

Ce réservoir qui est, comme le réservoir Sainte-Marie, divisé en deux compartiments, a été visité en deux fois, le 18 et le 22 décembre 1903.

Ainsi qu'il est relaté au procès-verbal, rédigé à la suite de la visite, étaient présents : MM. Fortin, Guerbet, Gogeard, Mercier, Foulon et Beaujard, inspecteur de la Compagnie générale des Eaux.

Il n'y a aucune fissure, aucune crevasse dans la maçonnerie.

Des suintements se font à la base des voûtes.

Au-dessous des orifices d'aération qui se trouvent disposés tant aux quatre angles de chacun des deux compartiments qu'à certains points des voûtes longitudinales, il y a, sur le fond, un petit dépôt composé de sable, d'humus, de feuilles, de limaces, d'insectes et surtout de petites *Helix*.

Les regards permettant de descendre dans les compartiments sont, comme ceux des autres réservoirs, fermés par des tampons en fonte s'emboitant dans une plaque scellée sur la maçonnerie. Mais ces plaques sont élevées sur un massif de maçonnerie, de sorte qu'elles font une saillie suffisante pour empêcher les eaux de ruissellement du sol environnant de faire irruption dans le réservoir. Toutefois, le mode d'emboitement des tampons des plaques (d'un diamètre plus grand qu'aux autres réservoirs) favorise l'entrainement, dans l'intérieur, des poussières que le vent accumule sur le quadrillage de ces tampons. Cet entrainement de poussières pourrait peut-être avoir ici plus d'inconvénients qu'aux autres réservoirs à cause de la proximité des champs d'épandage d'une partie des vidanges des fosses de la ville de Rouen.

5° Réservoir de la Jatte
et bache de l'Avenue du Cimetière monumental.

La visite de ce réservoir a été effectuée en totalité le 30 décembre 1903. La bâche d'alimentation du « service haut » a été visitée le même jour.

Assistaient à ces visites : MM. Fortin, Gogeard, Mercier, Plessis et Foulon.

Toute la maçonnerie est en bon état.

On voit des infiltrations se produire, comme aux autres réservoirs, à la base des voûtes.

Les trous d'aération donnent lieu aux mêmes observations que précédemment. Ces trous débouchent à l'extérieur à fleur de terre ; deux de ces trous sont obstrués par des racines qui pendent à l'intérieur.

Il y a, dans ce réservoir qui reçoit directement les eaux des sources de Fontaine-sous-Préaux, un dépôt de vase jaunâtre paraissant plus important que dans les autres réservoirs. Lors de notre visite, une équipe d'ouvriers procédait au nettoyage. Ces ouvriers parcourent le réservoir dans tous les sens, en marchant à peu près de front et en poussant devant eux de grands balais avec lesquels ils détachent du fond la vase qui s'y est déposée. Cette vase se trouve délayée dans le peu d'eau qui reste dans le réservoir et qui est poussée vers des orifices de décharge disposés au ras du radier. Le travail de nettoyage s'opère dans une quasi-obscurité, car l'éclairage ne se compose que de « rats-de-cave » fumeux, collés de place en place contre les murs ou les piliers du réservoir. Aussi n'est-il pas possible que les ouvriers voient bien le résultat de leur travail. J'ai pu m'assurer, après le passage de l'équipe de balayeurs et après m'être informé si le nettoyage était bien terminé ainsi, qu'il y avait, sur le fond et contre les plans inclinés qui relient les pieds-droits au radier, encore bien des endroits où le balai n'avait pas passé et où restait une légère couche de vase gluante. Ce nettoyage m'a paru un peu élémentaire et il m'a semblé qu'il gagnerait à être fait dans un milieu mieux éclairé. J'ai également observé la présence de grenouilles dans ce réservoir.

La bâche d'alimentation qui se trouve située un peu plus haut, sur la même voie, est entièrement enduite de ciment. Elle est en parfait état.

RÉSULTAT DES ANALYSES BACTÉRIOLOGIQUES

Les échantillons d'eau et de boue, recueillis au cours des visites, ont été analysés par M. Guerbet, qui m'en a communiqué le résultat ci-après reproduit.

LABORATOIRE DE BACTÉRIOLOGIE —	ANALYSES des prélèvements faits dans les réservoirs des eaux de la Ville.		
NUMÉROS DES ÉCHANTILLONS ET QUALITÉ.	NOMBRE DE GERMES PAR CENTIMÈTRE CUBE.	QUALITÉ DES GERMES.	OBSERVATIONS.
Réservoir Sainte-Marie.			7 décembre 1903
1. Eau	250 germes.	Pas de colibacille.	
2. Boue	—	Bactéries du sol.	
Réservoir du Choc.			11 décembre 1903
1'. Eau	520 germes.	Pas de colibacille.	
2'. Boue	—	Bactéries du sol.	
3. Boue	—	Bactéries du sol.	
4. Boue	—	Bactéries du sol.	
5. Eau	1.460 germes.	Pas de colibacille. Nombreux liquéfiants.	

Rouen, le 6 janvier 1904.

Le Chef du Laboratoire,

M. GUERBET.

RÉSUMÉ ET CONCLUSIONS CONCERNANT LES RÉSERVOIRS

Examinés dans leur ensemble, les réservoirs donnent lieu aux observations suivantes :

1º Partout la maçonnerie est en bon état et ne présente aucune dégradation, sauf un très léger décollement d'un mur, au réservoir du Choc. Il n'a été constaté aucune crevasse, ni aucune fissure aux enduits de ciment qui recouvrent les parties en contact avec l'eau.

2ᵛ Une partie de l'eau qui tombe sur le tertre des réservoirs, s'y infiltre et s'accumule dans les parties basses de la maçonnerie. Elle traverse celle-ci et forme, à l'intérieur, des suintements dans le pied des voûtes.

3º Au réservoir du Choc, des drains donnaient un libre passage à l'eau d'infiltration extérieure et la déversaient dans le réservoir. Ces drains ont été bouchés, mais ils l'ont été d'une façon incomplète ou défectueuse.

4º Les eaux qui parviennent dans les réservoirs en filtrant à travers le tertre et à travers la maçonnerie ne sont pas mauvaises, comme le démontre l'analyse bactériologique. Celles qui y tombent sans filtration autre que celle du tertre ou même sans filtration aucune sont plus chargées de germes, quoique dans des proportions nullement inquiétantes. Ces dernières eaux, ainsi que les boues introduites par les trous d'aération, si elles ne sont pas nuisibles, sont tout au moins malpropres.

5º Les trous d'aération, qui s'ouvrent extérieurement au ras du sol, livrent passage à l'eau de ruissellement. Celle-ci entraîne dans les réservoirs de l'humus qui forme un dépôt boueux à l'entour de ces ouvertures.

6º Ces mêmes trous sont parfois envahis par les racines et radicelles des plantes, qui pendent à l'intérieur et y facilitent l'intrusion d'eaux de ruissellement et surtout de boues.

7ᵛ Au-dessous de toutes les ouvertures mettant les réservoirs en communication avec l'extérieur on constate sur le fond un dépôt plus ou moins important de sable, de terre et de débris végétaux et animaux à divers degrés de décomposition. Des insectes, des mollusques terrestres tombent donc par ces ouvertures, périssent dans l'eau des réservoirs et s'y décomposent. Des batraciens peuvent aussi suivre la même voie pour s'y introduire.

8° Les tampons en fonte des plaques de fermeture sont qua-
drillés ; la poussière amenée par le vent se loge aisément dans
les rainures du quadrillage.

9° Les plaques de fermeture étant, en général, au niveau du
sol environnant, l'eau de ruissellement les envahit aisément.

10° Sauf celles du réservoir du Choc, qui ont été changées,
toutes les plaques de fermeture des regards sont munies de
tampons à emboîtement non hermétiques, qui laissent l'eau de
ruissellement, chargée de poussières, pénétrer aisément dans
les réservoirs.

En conséquence, pour mettre les réservoirs à l'abri des infiltrations et des intrusions provenant de l'extérieur, il y aurait,
ce semble, peu de choses à faire. Le résultat serait sans doute
obtenu par la mise à exécution des travaux et améliorations
suivants :

— Réfection d'un joint au réservoir du Choc.

— Suppression radicale de tous les trous d'aération dont l'utilité n'est pas incontestable.

— Adjonction à ceux qu'il serait utile de conserver d'un tube
excédant largement le sol. Fermeture au moyen d'une toile métallique de l'orifice extérieur de ces tubes.

— Issue extérieure ménagée aux eaux accumulées dans les
parties basses des voûtes.

— Remplacement des plaques de fermeture à emboîtement
par des plaques à recouvrement, au moins pour le réservoir du
champ de courses.

— Relèvement de 0^m25 à 0^m30 au moins au-dessus du sol environnant des plaques de fermeture à emboîtement qui seraient
conservées et, en tous cas, proscription rigoureuse de l'emploi
d'autres obturateurs que les tampons en fonte.

— Organisation d'un service de nettoyage des réservoirs plus
parfait que celui qui est pratiqué.

LES BÉTOIRES

J'ai indiqué dans la première partie de cette étude comment le massif de craie, qui forme le réservoir naturel de nos sources, étant très divisé et parcouru par d'innombrables fissures, fentes et diaclases, offre aux eaux d'infiltration un passage plus ou moins aisé dans leur descente à travers le sol et comment, après un parcours plus ou moins long, ces eaux débarrassées des nombreuses particules minérales, végétales ou animales dont elles s'étaient chargées avant leur infiltration dans le sol, parviennent aux points d'émergence où nous les recueillons.

La connaissance des ondulations des assises crayeuses nous a permis de déterminer théoriquement le périmètre du bassin d'alimentation de nos sources ; l'expérience est venue démontrer, comme nous le verrons dans ce chapitre, que la surface d'alimentation est loin d'être rigoureusement délimitée par les axes anticlinaux du double système de plissements de la craie.

La cause de cette dérogation à la théorie réside naturellement dans l'existence des fissures qui divisent le massif. Si ces fissures dans leur ensemble ont une direction générale, une orientation déterminée, elles n'en affectent pas moins toutes les parties du massif et établissent, par le fractionnement des lignes de faîte, des communications entre les versants d'un même anticlinal.

C'est ainsi que les vallées de Fontaine-le-Bourg et de Fontaine-sous-Préaux, séparées par l'anticlinal que j'ai indiqué suivant la route de Boisguillaume à Quincampoix, peuvent néanmoins être reliées sous le rapport de l'hydrologie souterraine. C'est, en effet, ce qui a lieu, comme l'ont démontré les expériences de coloration à la fluorescéine que j'ai faites sur le plateau de Quincampoix et dont il sera question dans cette dernière partie de mon étude.

Nous avons donc suivi les eaux dans leur infiltration et dans leur acheminement à travers le sol et nous avons constaté qu'elles parviennent aux nappes alimentant les sources, de deux manières, c'est-à-dire d'une façon lente, en imbibant et

traversant les sédiments, limons, sables, argiles et calcaires, qui
s'étendent sur les plateaux ou en forment le substratum ; ou bien
d'une façon rapide, en ruisselant le long des pentes, gagnant les
dépressions du sol et s'engouffrant parfois avec une grande rapidité dans des fondrières, des trous, des crevasses que l'on
désigne, d'une façon générale, sous le nom de « boit-tout » ou de
bétoires.

Quoique ces bétoires ne soient à proprement parler que des
mardelles, je conserve cette appellation de bétoires, qui est
partout en usage dans notre contrée et qui répond à l'idée que
l'on s'y fait de points d'absorption rapide des eaux météoriques.

Les bétoires sont donc des points où s'établit une communication entre la surface du sol et les profondeurs qui recèlent les
réserves d'eau où s'alimentent nos sources.

Dans un certain nombre de cas, ces bétoires ont une origine
naturelle, dûe à l'existence de crevasses ou de diaclases de la
craie et aux puits naturels, dont j'ai antérieurement expliqué
le mode de formation. Dans d'autres cas, les bétoires sont artificielles ; elles résultent soit de l'abandon d'anciennes marnières
épuisées, soit de travaux de forages entrepris dans le but
spécial de drainer des régions où l'eau s'amassait pendant la
saison pluvieuse ou à la suite de forts orages.

Quel que soit le mode de formation des bétoires, naturelles
ou artificielles, elles sont fort nombreuses sur les plateaux
compris dans le périmètre du bassin d'alimentation de nos
sources. Indépendamment des bétoires naturelles, il n'y a pour
ainsi dire pas d'exploitation agricole, de ferme, qui n'ait ou
n'ait eu une ou plusieurs marnières devenues des bétoires, où
se rendent les eaux de ruissellement, chargées de particules
arrachées au sol lui-même ou aux épandages qui y sont faits
pour le fertiliser. D'autres bétoires sont creusées à proximité
ou même au-dessous de maisons d'habitation et reçoivent les
eaux ménagères, usées ou résiduelles, à l'effet de les perdre
dans la profondeur.

Il est certain que toutes ces eaux contaminées, ainsi entraînées dans les profondeurs du sol, peuvent parvenir assez rapidement aux canaux qui aboutissent aux émergences. Dans les
expériences que j'ai faites à Quincampoix, la fluorescéine, jetée
dans l'eau qui s'engouffrait dans les bétoires situées à 5 ou
6 kilomètres en droite ligne des émergences de Fontaine-sous-

Préaux, apparaissait à ces émergences en moins de 15 à 18 heures (1).

Dans les périodes particulièrement pluvieuses, arrière-saison ou grands orages d'été, il suffit de voir l'état de malpropreté de l'eau qui s'engouffre dans les bétoires, charriant du limon, de la bourbe et tous les détritus recueillis dans les champs fumés, dans les cours des fermes, dans les ruisseaux des chemins et des routes, pour avoir immédiatement l'explication du trouble de l'eau des sources, sans qu'il soit besoin de faire intervenir une autre cause.

Il est hors de doute que le limon, charrié par l'eau de ruissellement, s'accumule dans certaines parties des canaux souterrains ; qu'il peut les obstruer et former un obstacle à l'écoulement ou au cours rapide de l'eau. Par suite une partie du limon se trouve arrêtée et immobilisée et ce dépôt, à cause de la cessation du fonctionnement des bétoires, s'accentue d'autant mieux que la crue approche davantage de sa fin. Quand le cours de l'eau cesse d'être torrentiel, quand il se ralentit, le limon tenu en suspension dans l'eau se dépose sur le fond des canaux souterrains, là où se rencontrent les conditions propices à ces précipitations, et il y demeure jusqu'à ce qu'une nouvelle crue, causée par l'irruption brusque de l'eau par les bétoires, à la suite de nouvelles pluies ou d'orages, vienne remettre en mouvement ces sédiments, les mélanger avec ceux qui sont entraînés du dehors et amener ainsi le trouble passager des sources.

L'effet pernicieux produit sur l'eau des nappes profondes par le fonctionnement des bétoires est d'autant plus sensible que celles-ci sont plus rapprochées des émergences. Les bétoires qui se trouvent à une grande distance des émergences ne paraissent pas amener de modifications bien accusées dans l'état habituel de l'eau. Dans ce cas, les eaux ont le temps, dans leur long parcours pour parvenir aux émergences, de se débarrasser des limons ou autres impuretés qu'elles ont entraînés. On a observé que les orages lointains n'ont qu'une influence nulle ou à peine sensible sur l'état de l'eau, tandis qu'au contraire ceux

(1) Comme, après le jet de la fluorescéine, à Quincampoix, on ne prélevait pas d'échantillons d'eau à Fontaine-sous-Préaux, pendant la nuit, mais seulement dans le jour, je n'ai pu connaître exactement le temps écoulé entre le jet de la fluorescéine et la réapparition de la coloration aux émergences.

qui se produisent dans un périmètre assez rapproché des émergences ont une influence directe et assez rapide sur cet état.

En un mot, l'éloignement des bétoires atténue ou annihile leurs effets sur les émergences. La proposition est inverse quand les bétoires sont à proximité des émergences.

Que les bétoires soient naturelles ou qu'elles soient artificielles, leur influence, toutes choses égales d'ailleurs, est la même sur l'état habituel des eaux.

Je pense m'être assez étendu sur ce sujet et je crois que les considérations qui précèdent sont amplement suffisantes pour donner l'explication du trouble passager de nos sources.

Il me reste maintenant à relater les expériences de coloration à la fluorescéine que j'ai faites sur le plateau de Quincampoix et à en tirer des conclusions pour l'amélioration du régime de nos eaux d'alimentation.

1re Expérience. — Le 9 décembre 1903, par un temps de pluie exceptionnellement abondante, les bétoires situées au lieu dit « La Triboudaine », dans un enclos dépendant de la ferme de Mme Villette, à Quincampoix, étaient en plein fonctionnement. Le volume de l'eau qui s'engouffrait dans les trous a pu être évalué à 100 ou 125 litres à la seconde. Les conditions étaient donc tout à fait favorables à un essai de coloration par la fluorescéine.

L'expérience a eu lieu en présence de MM. H. de la Bunodière, maire de Quincampoix ; Gogeard, ingénieur-voyer de la Ville de Rouen ; le docteur Millet, directeur du service de santé du 3e corps d'armée, et Mercier, chef d'exploitation de la Compagnie générale des eaux.

J'ai employé 3 kilog. de fluorescéine dissoute dans de l'eau.

Le jet de la solution colorante a été commencé à 10 h. 1/2 du matin et continué jusqu'à 11 h. 45. Il a été repris à 2 h. 1/2 de l'après-midi et poursuivi jusqu'à 4 h. 45.

Au début, le torrent d'eau provenant de la région avoisinant la dépression de La Triboudaine s'engouffrait immédiatement dans la principale crevasse, mais bientôt l'afflux de l'eau étant toujours aussi considérable, les crevasses n'ont plus suffi à l'absorption ; l'eau a alors dépassé l'orifice des crevasses et a continué à monter dans la dépression du terrain et elle formait, vers midi, une mare à peu près elliptique ayant environ 58 mètres de longueur sur 45 mètres de largeur. L'eau qui baignait les branches des pommiers plantés dans cette dépression du sol avait, au centre de la mare, une profondeur de 2 mèt. 50 à 3 mètres au-dessus de l'orifice des trous.

L'eau s'est maintenue à ce niveau pendant toute la journée du lendemain, 10 décembre, conservant sa coloration verte. Ce n'est que dans la nuit du 10 au 11, alors que la pluie avait fait trève, que l'eau a disparu dans les profondeurs du sol.

Le jour même, 9 décembre, des échantillons d'eau ont été prélevés à Fontaine-le-Bourg, à la source dite « Fontaine-Nourrice » et à celle qui est située près du bourg. Le lendemain matin, 10 décembre, on a commencé à prélever des échantillons d'eau à Fontaine-sous-Préaux, à la source de l'If. Les prélèvements d'échantillons ont été continués jusqu'au 14 décembre.

La distance en droite ligne entre les bétoires de La Triboudaine et la source de l'If est de 6 kilomètres. Entre la Triboudaine et les sources de Fontaine-le-Bourg, elle est de 4 kilomètres.

Les résultats de l'examen des échantillons, que j'ai fait au moyen du fluorescope, sont consignés dans les tableaux suivants :

RÉSULTAT DE L'EXAMEN AU FLUORESCOPE

TERMES DE COMPARAISON.

I. Eau de citerne, filtrée. Coloration nulle.

II.	—	—	—	à peine discernable.
III.	—	—	—	visible.
IV.	—	—	—	accentuée.

ECHANTILLONS EXAMINÉS.

1° *Source de l'If, à Fontaine-sous-Préaux.*

10 déc., 7 h. mat. Eau filtrée 5 fois. Coloration très accentuée.
— midi. — — —
— 7 h. soir. — — bien visible.
11 déc., 7 h. mat. Eau filtrée 3 fois. — —
— midi. — — —
— 7 h. soir. Eau filtrée 2 fois. — atténuée.
12 déc., 7 h. mat. — — très atténuée.
— midi. — — *bien visible.*
— 7 h. soir. Eau filtrée 1 fois. — extrêmement faible

13 déc., 7 h. mat. Eau filtrée 1 fois.	Coloration à peine discernable.		
— midi.	—	—	nulle.
— 7 h. soir.	—	—	—
14 déc., 7 h. mat.	—	—	—
— midi.	—	—	—

2° *Source dite « Fontaine-Nourrice »,*
à Fontaine-le-Bourg.

9 déc., 4 h. 30 s. Eau filtrée 2 fois.	Coloration douteuse.		
10 déc., 8 h. mat.	—	—	extrêmement faible
— 4 h. 30 s.	—	—	visible.
11 déc., 8 h. mat.	—	—	—
— 4 h. 30 s. Eau filtrée 1 fois.	—		très atténuée.
12 déc., 8 h. mat. Eau non filtrée.	—		à peine discernable.
— 4 h. 30 s.	—	—	—
13 déc., 8 h. mat.	—	—	nulle.
— 4 h. 30 s.	—	—	—
14 déc., 8 h. mat.	—	—	—
— 4 h. 30 s.	—	—	—

3° *Autre source, près du bourg, à Fontaine-le-Bourg.*

9 déc., 4 h. 50 soir. Eau non filtrée.	Coloration nulle.	
10 déc., 8 h. 20 mat.	—	—
— 4 h. 50 soir.	—	—
11 déc., 8 h. 20 mat.	—	—
— 4 h. 50 soir.	—	—
12 déc., 8 h. 20 mat.	—	—
— 4 h. 50 soir.	—	—
13 déc., 8 h. 20 mat.	—	—
— 4 h. 50 soir.	—	—
14 déc., 8 h. 20 mat.	—	—
— 4 h. 50 soir.	—	—

Il a été constaté, à Fontaine-sous-Préaux, que non seulement la source de l'If était colorée, mais que la source des Cressonnières et la source Lefrançois l'étaient également.

Cette expérience démontre que les bétoires de La Triboudaine sont en relation directe avec les trois sources de l'If, des Cressonnières et Lefrançois, à Fontaine-sous-Préaux, et qu'elles le sont également, quoique dans une proportion moindre, avec la source dite « Fontaine-Nourrice », à Fontaine-le-Bourg, tandis que la source située près de Fontaine-le-Bourg paraît n'avoir aucune relation avec La Triboudaine.

En ce qui concerne les eaux d'alimentation de Rouen, chaque fois que les bétoires de La Triboudaine entrent en fonctionnement, les eaux des sources de Fontaine-sous-Préaux ont chance d'être contaminées et on doit en proscrire l'emploi sans précaution préalable, telle que l'ébullition.

2e Expérience. — Le 9 février 1904, par temps de pluie très abondante, je me suis rendu à Quincampoix, dans la région des trous absorbants situés à fleur de sol dans le fond du vallonnement du terrain entre « La Triboudaine » et le bois de Fontaine-le-Bourg. Ces trous sont disséminés dans le fond du vallonnement et alignés sur une longueur de 200 mètres environ. L'eau provenant du ruissellement sur les pentes situées en amont des trous formait un fort ruisseau à courant rapide, qui, se rendant dans la région des trous, s'y trouvait partiellement absorbé ; le surplus suivait le thalweg du vallonnement pour gagner, par les pentes et les ravins des bois, la rivière de Cailly, à Fontaine-le-Bourg.

J'ai commencé à colorer l'eau du ruisseau au moyen de la fluorescéine à quatre heures un quart de l'après-midi et j'ai continué jusqu'à cinq heures vingt.

J'ai employé un kilogramme de fluorescéine.

Cette seconde expérience a établi qu'il y avait communication entre ces trous absorbants et les sources de Fontaine-sous-Préaux, de même qu'avec la « Fontaine-Nourrice » de Fontaine-le-Bourg, comme l'indique d'ailleurs le résultat consigné dans les tableaux suivants.

RÉSULTAT DE L'EXAMEN AU FLUOROSCOPE
TERMES DE COMPARAISON.

I. Eau de citerne, filtrée. Coloration nulle.

II.	—	—	—	à peine discernable.
III.	—	—	—	visible.
IV.	—	—	—	accentuée.
V.	—	—	—	très accentuée.

ECHANTILLONS EXAMINÉS.

1° *Source de l'If, à Fontaine-sous-Préaux.*

9 févr., 8 h. soir. Eau filtrée 1 fois. Coloration nulle.

9 fév., 10 h. soir. Eau filtrée 1 fois. Coloration nulle.
10 févr., 5 h. mat.   —   —   —
— 11 h. —   —   —   —
— 2 h. soir. Eau filtrée 5 fois.   —   très accentuée.
— 5 h. —   — 4 —   — à peine discernable
11 févr., 6 h. mat.   — 3 —   — *visible.*
— 8 h. —   — 3 —   —   —

Comme dans la première expérience, les trois sources de l'If, des Cressonnières et Lefrançois ont été colorées.

2° *Source dite « Fontaine-Nourrice »,* *à Fontaine-le-Bourg.*

11 févr., 8 h. mat. Eau filtrée 5 fois. Coloration à peine discernable
— 5 h. soir.   —   —   —
12 févr., 8 h. mat.   —   — nulle.
— 5 h. soir.   —   —   —
13 févr., 8 h. mat.   —   —   —
— 5 h. soir.   —   —   —

La distance entre la région des trous absorbants et les émergences de Fontaine-sous-Préaux est d'environ 5 kilomètres 500 en droite ligne ; cette distance est d'environ 3 kilomètres 500 entre les trous absorbants et la « Fontaine-Nourrice » de Fontaine-le-Bourg.

3ᵉ Expérience. — Le 18 février 1904, la neige recouvrant complètement la terre sur les plateaux au Nord de Rouen commençait à entrer en fusion dès le matin. Profitant de cette circonstance, je me suis rendu à Quincampoix et j'ai opéré la coloration à la fluorescéine dans une bétoire constituée par un groupe de quatre ou cinq trous de 0ᵐ60 à 0ᵐ80 environ de diamètre, qui se trouve aux Hameaux, dans la cour d'une ferme située à la limite des plateaux au haut du versant de la vallée de Fontaine-sous-Préaux et occupée par M. Asselin, cultivateur.

La neige, fondant rapidement, formait un fort courant d'eau qui allait se perdre dans la bétoire désignée.

De 3 heures 45 à 4 heures 50 de l'après-midi, j'ai coloré, au moyen d'un kilogramme de fluorescéine, l'eau qui s'engouffrait dans la bétoire. Celle-ci se trouvait en droite ligne à environ 4 kilomètres 500 des émergences de Fontaine-sous-Préaux.

RÉSULTAT DE L'EXAMEN AU FLUORESCOPE

TERMES DE COMPARAISON.

I. Eau de citerne filtrée. Coloration nulle.

II.	—	—	—	à peine discernable.
III.	—	—	—	visible.
IV.	—	—	—	accentuée.
V.	—	—	—	très accentuée.

ECHANTILLONS EXAMINÉS.

Source de l'If, à Fontaine-sous-Préaux.

18 févr., 8 h. soir. Eau non filtrée. Coloration nulle.

— minuit.	—	—	—
19 févr., 6 h. mat.	—	—	—
— 10 h. —	—	—	très visible.
— 2 h. soir.	—	—	—
— 6 h. —	—	—	visible.

Il est à remarquer que, pour cet examen, il n'a pas été utile de filtrer les échantillons, l'eau ayant à peu près conservé sa limpidité ordinaire et celle-ci étant bien suffisante pour que la coloration par la fluorescéine fut aisément discernable au fluorescope.

Les engouffrements d'eau provenant de la fonte des neiges sont d'ailleurs loin de présenter un degré de trouble aussi prononcé que quand il s'agit d'eau provenant de fortes pluies qui ravinent et qui entraînent tous les détritus qu'elles rencontrent sur leur passage.

Cette expérience a montré que les bétoires des Hameaux, à Quincampoix, communiquent comme les autres avec les nappes profondes qui alimentent les sources de Fontaine-sous-Préaux.

RÉSUMÉ ET CONCLUSIONS CONCERNANT LES BÉTOIRES

De l'étude qui précède, il résulte :

1° Que le massif crétacé à travers lequel se fait la circulation des eaux captées à Fontaine-sous-Préaux et à Darnétal, est divisé par un grand nombre de fissures et de diaclases, principalement dans les étages de la craie les plus récents qui sont les plus voisins de la surface du sol ;

2° Que, d'autre part, la craie étant décomposée par l'acide carbonique des eaux de ruissellement et d'infiltration, il en résulte un agrandissement constant, quoique très lent, des fissures qui divisent le massif et où cheminent les eaux, et que cet agrandissement a pour résultat d'amener, au sein du massif, des effondrements partiels et locaux qui établissent souvent une communication plus ou moins directe entre la surface du sol et les canaux souterrains où l'eau circule ;

3° Que des bétoires artificielles provenant de l'abandon d'anciennes marnières ou même creusées dans un but de drainage produisent sur le régime des eaux souterraines les mêmes effets que les bétoires naturelles ;

4° Que, par suite du ruissellement, il se forme, à l'orifice supérieur de ces effondrements ou de ces anciennes marnières, et par entraînement mécanique des particules du sol, des dépressions parfois fort étendues, qui constituent comme un bassin de réception et d'alimentation de ces orifices que l'on désigne généralement, dans notre contrée, sous le nom de bétoires ;

5° Que, dans la saison des pluies, à la fonte des neiges ou lors de forts orages, les eaux, ainsi entraînées vers les bétoires, sont chargées de sédiments et de particules arrachées aux épandages sur les terrains de culture agricole, et que ces eaux s'engouffrent ainsi dans les profondeurs du sol, parfois sous un volume très considérable ;

6° Que les expériences de coloration à la fluorescéine, faites sur le plateau, ont montré que ces eaux rejoignent, dans un temps très court, les nappes profondes qui alimentent nos sources, qu'elles en déterminent par suite la pollution et peuvent en amener la contamination ;

7° Que de nombreuses bétoires, en relation plus ou moins directe avec les nappes profondes, se trouvent disséminées à la surface du plateau que j'ai indiqué comme formant le bassin d'alimentation de nos sources et que ces bétoires forment souvent la seule issue des eaux d'une région du plateau ;

8° Enfin, que les eaux captées à Fontaine-sous-Préaux et à Darnétal sont, en général, propres à être utilisées pour l'alimentation, mais que leur pureté et leur limpidité sont subordonnées à l'entrée en fonctionnement des bétoires du plateau et que l'influence des bétoires est d'autant plus sensible qu'elles sont plus près des émergences.

Les conclusions qui ressortent de cet ensemble de données sont les suivantes :

1° Il n'est pas possible de songer à supprimer toutes les bétoires,

    a) parce qu'elles sont trop nombreuses.

    b) parce que, en bien des points, elles sont indispensables à la perte des eaux de la surface.

    c) parce que, en admettant qu'il fût possible de supprimer celles qui existent actuellement, il s'en reformerait d'autres dans un temps donné.

    d) enfin parce que leur rôle est une partie intégrante du système hydrologique naturel de notre région et qu'elles sont un des modes de récupération pour les nappes souterraines où s'alimentent nos sources ;

2° Il pourrait être avisé aux moyens de dériver les eaux se rendant aux principales bétoires, mais les quelques dérivations que l'on pourrait tenter ne feront pas complètement disparaître les causes de pollution ou de contamination, puisqu'il existera toujours des bétoires en relation plus ou moins directe avec les nappes alimentant nos sources ;

3° On doit favoriser et encourager par tous les moyens la surveillance médicale qui a pour but de prévenir, par la destruction préalable des germes pathogènes, les dangers de contamination résultant de l'épandage des déjections qui contiennent ces germes, de l'entraînement de ceux-ci dans les bétoires et dans les nappes aquifères, et de leur réapparition aux émergences ;

4° Enfin, le meilleur et sans doute le seul moyen de ne livrer que pure et limpide, à la consommation, l'eau de nos sources, serait de la soumettre, au sortir des émergences, à un filtrage ou à une épuration qui la débarrasserait des principes nuisibles ou dangereux qu'elle peut recueillir et qu'elle recueille sûrement parfois dans son parcours soit à la surface, soit en profondeur, avant de parvenir aux émergences.

CONCLUSION

Je n'ajoute qu'un dernier mot en matière de conclusion définitive.

Nos eaux sont en général d'assez bonne qualité et peuvent répondre aux conditions requises pour l'alimentation.

Comme toutes les eaux de sources ayant leur origine dans les assises du terrain crétacé supérieur, elles sont sujettes à des troubles passagers, auxquels il ne semble pas impossible de remédier par un filtrage éventuel, opéré avant l'envoi à la consommation.

Malgré leur imperfection passagère, elles sont bien supérieures aux eaux de la Seine que l'on soumettrait à un mode d'épuration quelconque pour les débarrasser des matières qu'elles tiennent en suspension ou en dissolution. Quelque parfait que soit le système d'épuration employé, il ne pourrait donner aux eaux traitées la limpidité et la fraicheur des eaux de sources. Ces dernières devront donc toujours être préférées.

Il me reste enfin un devoir à remplir.

A tous ceux qui se sont intéressés à mon travail et qui m'ont aidé de leur expérience ou de leurs conseils dans l'accomplissement, si rudimentaire qu'il soit, d'une tâche à laquelle mes études antérieures ne m'avaient qu'imparfaitement préparé, j'adresse mes remerciements avec l'expression de toute ma gratitude.

R. FORTIN.

EXPLICATION DES SIGNES NOTÉS SUR LA CARTE

Lignes anticlinales, axes des points géologiques élevés, d'après M. G.-F. Dollfus.

Lignes synclinales, axes des points géologiques bas, d'après M. G.-F. Dollfus.

Direction de la coupe géologique de la figure 2.

Sources de Fontaine-sous-Préaux et Saint-Jacques.

Bétoires de la « Triboudaine ».

Trajet de l'aqueduc de dérivation de Fontaine-sous-Préaux au réservoir de la Jatte.

TABLE DES FIGURES

INTERCALÉES DANS LE TEXTE

TABLE DES PLANCHES

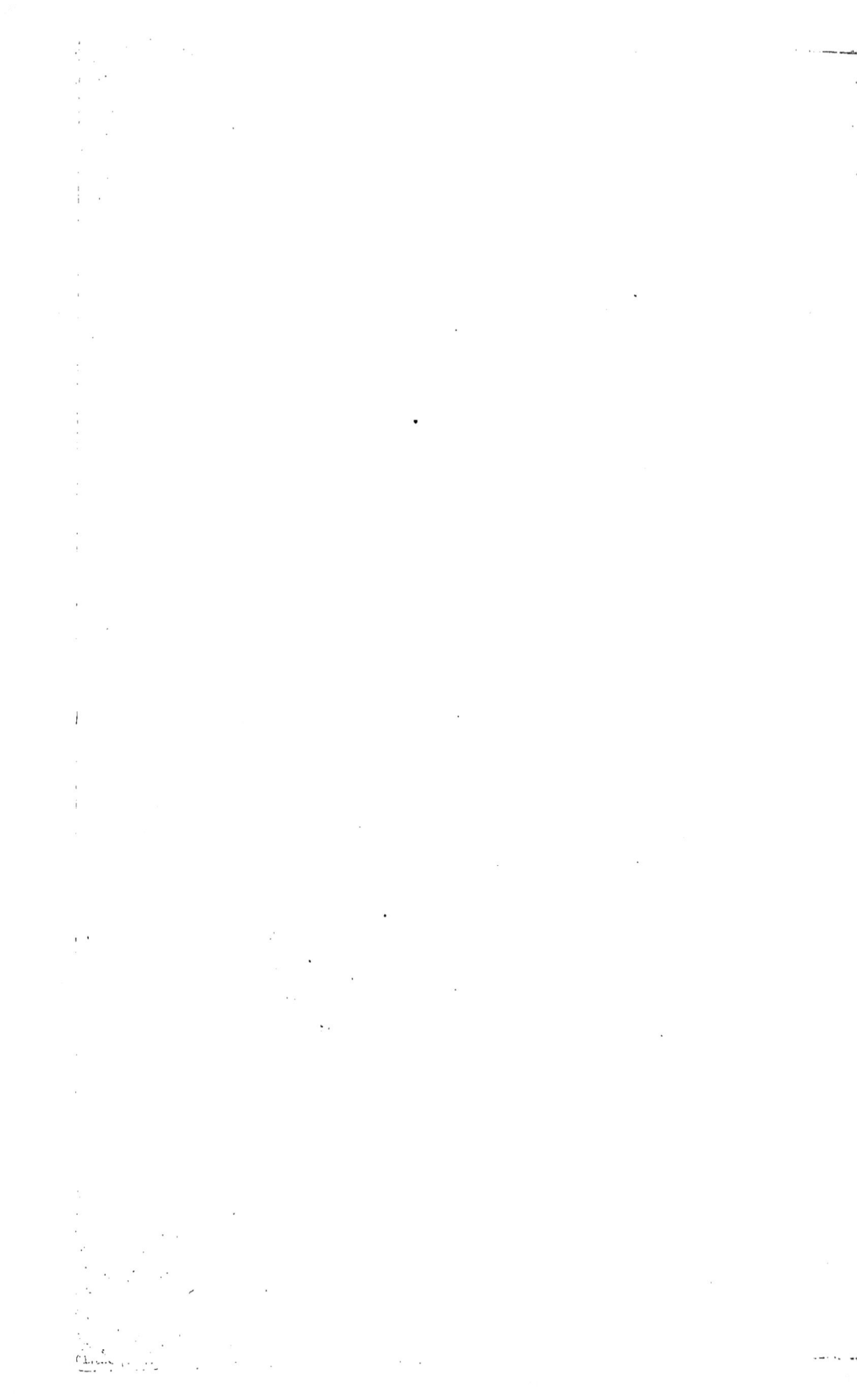

TABLE GÉNÉRALE DES MATIÈRES

ROUEN. — IMP. J. GIRIEUD.

CARTE DU BASSIN D'ALIMENTATION DU ROBEC

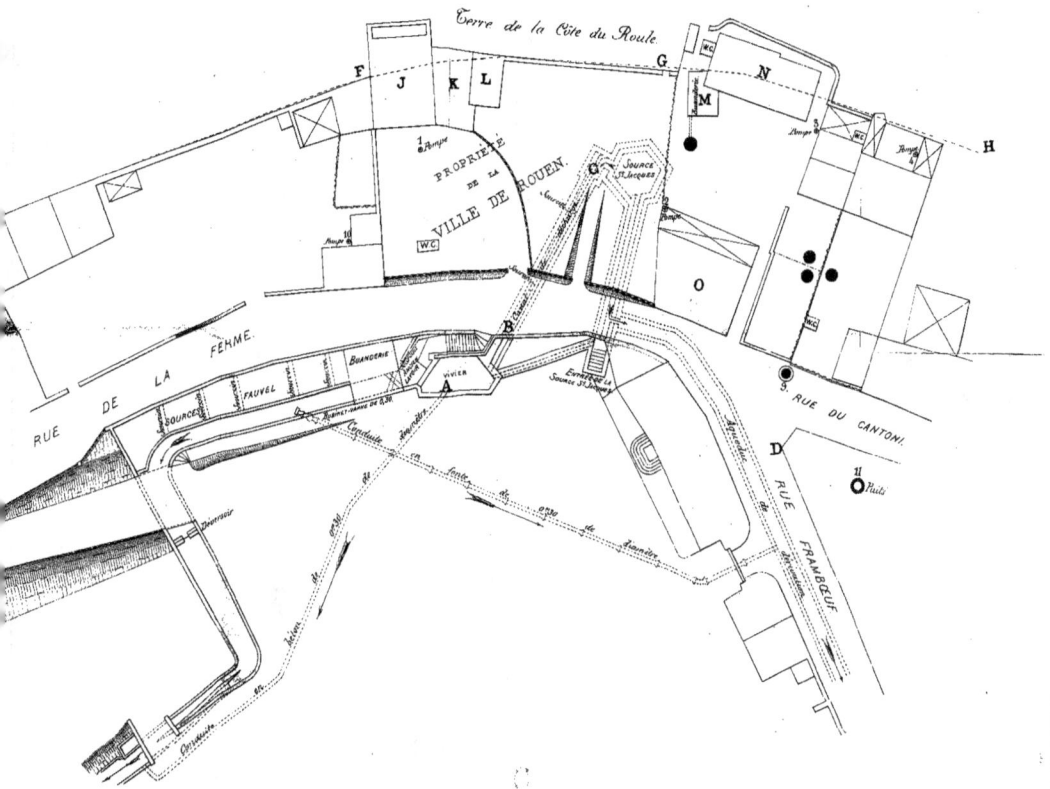

PLAN DES ABORDS DE LA SOURCE SAINT-JACQUES